AF199791

Tucholsky Wagner Zola Scott Sydow Freud Schlegel
Turgenev Wallace Fonatne
Twain Walther von der Vogelweide Fouqué Friedrich II. von Preußen
Weber Freiligrath
Kant Ernst Frey
Fechner Fichte Weiße Rose von Fallersleben Richthofen Frommel
Hölderlin
Engels Fielding Eichendorff Tacitus Dumas
Fehrs Faber Flaubert
Maximilian I. von Habsburg Fock Eliasberg Zweig Ebner Eschenbach
Feuerbach Ewald Eliot Vergil
Goethe Elisabeth von Österreich London
Mendelssohn Balzac Shakespeare Dostojewski Ganghofer
Lichtenberg Rathenau Doyle Gjellerup
Trackl Stevenson Hambruch
Mommsen Tolstoi Lenz Hanrieder Droste-Hülshoff
Thoma von Arnim Hägele Humboldt
Dach Verne Hauff
Karrillon Reuter Rousseau Hagen Hauptmann Gautier
Garschin Defoe Baudelaire
Damaschke Descartes Hebbel
Hegel Kussmaul Herder
Wolfram von Eschenbach Dickens Schopenhauer Rilke George
Bronner Darwin Melville Grimm Jerome
Campe Horváth Aristoteles Bebel Proust
Bismarck Vigny Barlach Voltaire Federer Herodot
Gengenbach Heine
Storm Casanova Tersteegen Grillparzer Georgy
Chamberlain Lessing Langbein Gilm Gryphius
Brentano Schiller Lafontaine
Strachwitz Claudius Bellamy Schilling Kralik Iffland Sokrates
Katharina II. von Rußland Gerstäcker Raabe Gibbon Tschechow
Löns Hesse Hoffmann Gogol Wilde Vulpius
Luther Heym Hofmannsthal Gleim
Roth Klee Hölty Morgenstern Goedicke
Heyse Klopstock Kleist
Luxemburg Puschkin Homer Mörike
La Roche Horaz Musil
Machiavelli
Navarra Aurel Musset Kierkegaard Kraft Kraus
Nestroy Marie de France Lamprecht Kind Kirchhoff Hugo Moltke
Laotse Ipsen Liebknecht
Nietzsche Nansen Ringelnatz
Marx Lassalle Gorki Klett
von Ossietzky May Leibniz Irving
vom Stein Lawrence
Petalozzi Knigge
Platon Kafka
Sachs Pückler Michelangelo Kock
Poe Liebermann Korolenko
de Sade Praetorius Mistral Zetkin

Der Verlag tredition aus Hamburg veröffentlicht in der Reihe **TREDITION CLASSICS** Werke aus mehr als zwei Jahrtausenden. Diese waren zu einem Großteil vergriffen oder nur noch antiquarisch erhältlich.

Symbolfigur für **TREDITION CLASSICS** ist Johannes Gutenberg (1400 — 1468), der Erfinder des Buchdrucks mit Metalllettern und der Druckerpresse.

Mit der Buchreihe **TREDITION CLASSICS** verfolgt tredition das Ziel, tausende Klassiker der Weltliteratur verschiedener Sprachen wieder als gedruckte Bücher aufzulegen – und das weltweit!

Die Buchreihe dient zur Bewahrung der Literatur und Förderung der Kultur. Sie trägt so dazu bei, dass viele tausend Werke nicht in Vergessenheit geraten.

Gedichte

Ludwig Anzengruber

Impressum

Autor: Ludwig Anzengruber
Umschlagkonzept: toepferschumann, Berlin

Verlag: tredition GmbH, Hamburg
ISBN: 978-3-8424-8817-5
Printed in Germany

Text der Originalausgabe

Ludwig Anzengruber

Gedichte

Vorbericht der Herausgeber

Ludwig Anzengruber hat seine Gedichte weder für eine besondere Buch-, noch für diese Gesamtausgabe durchgesehen und geordnet. Wir waren deshalb bemüßigt, die vorliegende Auswahl nach unserem eigenen Ermessen zu treffen.

Von den ungedruckten Gedichten der ersten Periode (1859–1863) haben wir außer den in der *Einleitung* mitgeteilten, biographisch bedeutsamen, nur zwei aufgenommen, welche Anzengruber selbst, wie er uns gelegentlich sagte, bemerkenswert erschienen. Dem »*Lied vom Leiden*« hat er 1867 wohl noch die erste Stelle in den »Gedichten« zugedacht; späterhin, 1884, nannte er es jedoch ein »gutgemeintes, aber minder gelungenes Opus«, aus welchem deshalb nur die folgenden zwei bezeichnenden Strophen herausgehoben sein mögen:

> O Leid, so allgewaltig du,
> Das in Palast und Hütte wohnt
> Und jeden trifft und keinen schont,
> Du nahest dich und trittst herzu.
> Ob überrascht, ob schon bereit,
> Du bist doch Leid und bleibst doch Leid,
> Bleibst doch Leid!

> Ja, Leid, du allgewalt'ge Macht,
> Der Mensch bleibt stets von dir bedroht
> Von Schmerz, von Neid, von Sorg', von Not.
> Das Menschenherz aus seiner Nacht
> Erweckst du, machst es groß und weit,
> So hat sein Gutes auch das Leid,
> Ja, das Leid!

Dagegen glaubten wir die Gedichte, welche Anzengruber seit dem Jahr 1870 in Zeitschriften, Kalendern, teilweise auch in dem Sammelbande »*Kleiner Markt. Novellen, Skizzen und Gedichte* (Breslau, Schottländer, 1883)« veröffentlichte, fast ohne Ausnahme in die gesammelten Werke einreihen zu sollen.

Die »*Einfälle und Schlagsätze*« endlich geben wir als Proben aus Hunderten, von Anzengruber nur teilweise gesichteten Aphorismen, in welchen sich der Dichter »über Welträtsel und Verwandtes«, »über Litteratur und Verwandtes«, »Politisches«, »über Liebe und Ehe und Mädchen und Frauen« sehr unumwunden und kernig, nur in seltenen Fällen aber zensurfähig äußerte.

Wien, im Mai 1890.

A. Bettelheim. V. Chiavacci. V. K. Schembera.

Aus meiner Werdezeit

(1859–1864)

Des Bettlers Lied.[1]

Hab' Flicken nur, kein ganzes Kleid,
Hab' Sorgen stets, kein halbes Leid,
Doch mag ich nicht zu Grabe gehn,
Die Sonne scheint zu froh und schön,
Wenn sie es gar so ehrlich meint,
Mir auf den breiten Rücken scheint,
Weiß nicht, was ich drum gäbe,
Weil ich nur lebe!

Sitz' Sonntags vor der Kirchenthür,
Da spenden Jung' und Alte mir,
Manch Kinderköpfchen, spielzerzaust,
Drückt mir das Pätschchen in die Faust
Und schaut mit großem frischen Blick
Nach mein'm »Vergelt es Gott« zurück.
Der Herr viel Glück ihm gebe,
Weil ich nur lebe!

Dann kehr' ich in der Schenke ein
Und trink' mein Gläschen goldnen Wein
Und spielt es durch die Adern leis',
Da klingt in mir die alte Weis' –
Da schleich' ich mich zum Waldeshang,
Vergess all Sorg und jeden Bang;
Mein Lied ich froh erhebe,
Weil ich nur lebe!

---

[1] Anm. zur dritten Auflage. Die erste Niederschrift dieser Verse findet sich als Einlageblatt in einem handschriftlich erhaltenen, vom Anzengruber-Kuratorium kürzlich erworbenen Heft: »Gedichte und poetische Versuche von Ludwig Gruber 1863« mit dem Datum: Warasdin 1864.

Da kriecht die Ameis übers Blatt,
So hurtig, seh' sie niemals matt,
Da schlagt der Fink, da glitzt der Tau,
Dort drüben singt des Försters Frau, –
Nun blinkt durchs Laub der Abendstern,
Grau winkt das Dörflein in der Fern',
Wüßt' nicht, daß sich's begäbe,
Wenn ich nicht lebe!

Das blinde Kind.[2]

Es sitzt das Mädchen trüb im Leid,
Es tastet an dem Schmuck die Hand,
Sie streift das lichte Feierkleid,
Des Farbenschein ihr unbekannt;
Des Lichtes Quell ist ihr verstopft,
Ihr Aug' kennt keiner Farbe Wahl,
Es kennt nur Lust, die leise tropft,
Kennt nur des Schmerzes wilden Schwall.

Sie sitzt geschmückt wie eine Braut,
Sie tastet an der Mutter Arm,
Sie liebt der Stimme milden Laut,
Den Odem, der sie streifet warm:
»Zur Gnadenmutter innig fleh,
O, klag der Himmlischen dein Leid:
›Gib Heilige, daß ich dich seh'
In aller deiner Herrlichkeit.‹«

Das Kind gehorsam falt' die Händ',
Es faßt's die Sehnsucht nach dem Licht,
Den Blick ins leere Nichts gewend't,
Mit bebend leiser Stimm' sie spricht:
»O Gnadenmutter, hold und rein,
O gib dem Aug' des Sehens Gab'
Und lasse das Geschaute sein
So lieb, wie ich Gefühltes hab'!«

Sie blickt so angestrengt aus sich,
Als wollt' sie selbst sich schau'n im Traum,
Der Laut von ihren Lippen wich
Und lautlos bleibt's im leeren Raum.
Da plötzlich ruft's: »Ich seh' die Frau
Mit goldner Krone mit dem Kind.

---

[2] Anm. zur dritten Auflage. In dem S. 253, Note, erwähnten handschriftlichen
Heft erscheint dieses Gedicht aus Bruck a. d. Mur datiert.

Von meinem Auge weicht das Grau,
Ich sehe, ich bin nicht mehr blind!«

»O sprich, du stummes Bild zu mir,
O sprich, ich fasse deine Hand;
O laß der Freude Laut von dir,
Nach Wort und Form nur bist bekannt.
Doch spreche nicht, – wenn ungelenk'
Des Schauens Kunst auch mir noch ist –
Ich seh', das Auge spräch' und denk',
Dein Aug', o Mutter, mich begrüßt!«

Sie halten beide stumm sich lang,
Als wenn sie ob des Sehens Lust
Verlernt der Sprache süßen Klang,
So voll des Dankes ist die Brust.
Und als der Dank zum Laut sich preßt,
Da klingt er ungebärdig wild,
Doch falten sich die Hände fest
Gelobend gar ein herrlich Bild.

Der Gnadenmutter sei geweiht –
Ihr, die so himmlisch sanft und mild,
Ihr, die erlöst sie aus dem Leid –
Von eigner Hand ein kunstvoll Bild.
Bei Tageslicht,[3] , bei Kerzenschein
Mit greller Seide stickt das Kind,
Und als das Bild im heil'gen Schrein –
— — — — — — —
Da war die Arme wieder blind!

---

[3] In der S. 254, Note, erwähnten Niederschrift: »Bei Tagesstrahl«

Alte Weisen

Die Lieb' ein Traum

Tief im Walde sitzen zwei,
Leis' umrauschet von den Bäumen,
Und es sprudelt hell der Quell
Und sie flüstern, kosen, träumen.

Weh', du süßer Liebestraum,
Wenn wir dein erwachen,
Wie es auch geschäh' – o weh –
Ob mit Weinen oder Lachen!

Volksweise

(April 1882)

I.

Was ist es mit dem Leben
Doch für 'ne arge Not,
Muß leiden und muß sterben
Zuletzt den bittern Tod.

Kam ich doch auf die Erden
Ganz ohne Wunsch und Will',
Ich weiß es nicht von wannen,
Und kenn' nicht Zweck noch Ziel.

Es tritt die bunten Auen
Nur einmal unser Fuß,
Für kurze Zeit nur tauschen
Wir Händedruck und Gruß.

Und was uns auch von Freuden
Und Leiden zugewandt,
Das mehret und das mindert
Sich unter Menschenhand.

Drum lasset uns in Freundschaft
Einander recht verstehn
Die kurze Strecke Weges,
Die wir zusammen gehn.

II.

Wie vieler deiner Freuden
Hab' ich umsonst geharrt,
Wie wenig deiner Leiden
Hast du mir, Welt, erspart!

Die einen wie die andern
Ich hätt' sie gern gemißt,
Weil doch ein planlos' Wandern
Das arme Leben ist.

Und ruhen wir am Ziele
Im tiefen Erdenschoß,
Dann gleichen ihre Spiele,
Wer darbte, wer genoß.

Verderbet nicht den einen
Der Freuden frohen Schein
Und seht ihr andre weinen,
Verschärfet nicht die Pein.

Daß keine wehmutreiche
Erinn'rung euch betrübt,
Und man an euch die gleiche
Geduld und Treue übt!

Stilles Bescheiden.

Bei ihres Anblicks Lieblichkeit, –
Der alle Sinne mir berücket,
Der mich beseligt und entzücket
Und doch zu tiefst bedrängt mit Leid –
Nie werd' ich nur mit einem Blick
Der Herrin meine Lieb' gestehen,
Nie ihre Gegenliebe flehen
Und stumm ertragen mein Geschick!
Ein Frevel wär's an holder Frau,
Wenn ich den eitlen Glauben hegte,
Daß mich, nur mich allein, bewegte
All ihrer Anmut reiche Schau.
Nein, nein, ich bin der einz'ge nicht,
Den ihre Nähe froh beseelet!
Der letzte war' ich, den sie wählet;
Ich steh' im Banne harter Pflicht,
Nicht Jugendkraft, noch Wohlgestalt
Vermag mir mehr das Wort zu führen,
Ich kann vielleicht durch Lieder rühren,
Doch Mitleid wehrt der Lieb' Gewalt.
So fass' ich denn den einen Mut,
Es im Beginne schon zu enden.
Wie käm' zu eines Bettlers Händen
So hohes überreiches Gut?
Ergeben will ich meine Last
Auch fürder stumm des Weges tragen,
Es soll kein Blick der Herrin sagen,
Wie mächtig es mich stets erfaßt
Bei ihres Anblicks Lieblichkeit,
Der alle Sinne mir berücket,
Der mich beseligt und entzücket
Und doch zu tiefst bedrängt mit Leid.

Ich sinn' der alten Fabel nach.

(April 1882)

Ich sinn' der alten Fabel nach,
Die ernsthaft uns belehret,
Daß alles, was gewesen war,
Dereinstens wiederkehret.

Zwar wiederkehrt nach langer Frist,
Nach vierzigtausend Jahren,
Dann aber auch genau, wie wir's
Das erste Mal erfahren.

Nun ist mir so, als hätt' ich dich
In einem frühern Leben,
Unholdes Liebchen, schon gesehn
Und mich dir ganz ergeben.

Und du, du hättest alle Treu'
Und Lieb', die ich empfunden,
Mit herbem Spotte mir gelohnt
Und tiefen Herzenswunden.

Mir tönt, ach, so vertraut und doch
Ernüchternd deine Sprache,
Mich höhnt, wie einmal schon gehört,
Die silberhelle Lache.

Ich liebend ohne Hoffnung und
Du herzlos ohne Reue,
Es ist als wie ein altes Spiel,
Das wiederkehrt aufs neue.

Ein altes Spiel – wir können dreist
Die Wiederholung wagen,
Du bist im Quälen wohlgeschult
Und ich für das Ertragen.

Und überläuft's mir oft das Herz
So bang und maienfröstlich,
Dann deucht mir – albern wie sie ist –
Die alte Fabel tröstlich!

Scheiden.

Wer in hilflosem Jammer
Sein Liebstes sterben sieht,
Der weiß nicht, welche Klammer
Ihn noch zur Erde zieht.

Sie weinte, als sie bange
Auf ewig Abschied gab,
Die Thräne rann die Wange
Der Toten sanft herab.

O Thrän' aus liebem Auge
In bittrer Scheidestund',
O Thräne, trübe Lauge
Du brennst das Herz mir wund!

Nichts beut dem kranken Herzen
Als weher Trost sich dar,
Daß es das letzte Schmerzen,
Die letzte Thräne war.

Zeit und Welt.

Neujahrsgruß.

(Dezember 1883.)

Siehst du in steter Eil' verrauschen
Im Zeitenstrome Jahr für Jahr,
Nicht neig dein Ohr, um bang' zu lauschen
Der Zukunft, die nie offenbar;
Das Aergste, was dir bleibt zu tauschen,
Es birgt nicht Schrecken noch Gefahr, –
Wenn weit vom Ziel dein Hoffen traf,
So gibst du Traum für tiefen Schlaf.

Die fromme Hoffnung unbestritten,
Doch wär' dies Aergste nicht so arg.
Was einer hier auf Erd' gelitten,
Was ihm das Leben Arges barg,
Das lag des Wegs, den er durchschritten,
Von seiner Wiege bis zum Sarg
Und wenn auch nichts verklärt' sein Leid,
Es starb mit ihm für alle Zeit.

Mit frohem, freiem Herzensschlage
Verlebe deines Daseins Frist,
Bedenk, daß du nach alter Sage,
Die hohe Weisheit in sich schließt,
Schon seit dem letzten Schöpfungstage
Der Herr dahier auf Erden bist,
Und was geschieht, wirkst du allein,
Verdienst, wie Schuld, o Mensch, sind dein!

Der Neujahrstag.

Das Neujahr hat wie alle Tage
Sein bißchen Lust und sein' Beschwer,
Es gleicht sich gründlich auf der Wage,
Jedoch im Quantum macht es mehr.
Verwandte und Bekannte kommen
Und wünschen alles Glück der Welt
Und Fremde stehen da beklommen
Und wünschen stammelnd – unser Geld.
So wechseln froheste Besuche
Mit andern, die man grämlich nimmt;
Man merkt – nach Meister Goethes Spruche –
Die Absicht und man wird verstimmt.
Mag man nun gern der einen Bitte
Willfahren und der andern nicht,
Je nun, es ward einmal zur Sitte
Und die ist zwingend wie die Pflicht.
Erlaubet, daß ich 'ne Geschichte
Vom Gratulieren, heitrer Art,
Doch mit der Mahnung euch berichte,
Daß ihr sie klug bei euch bewahrt,
Denn machte dieser Spaß die Runde
Beim Gratulantencorps, ei, dann,
Dann höbe auch von selber Stunde
»Verschärftes Gratulieren« an. –
Hanns Claus ward oft in Kindertagen
Zum »Vetter in der Stadt« geführt,
Um dort sein Sprüchlein aufzusagen,
Der Vetter war auch stets gerührt;
Griff zögernd in die Westentasche
Und händigt Geld den Alten ein,
Die thun, als ob sie's überrasche:
»No, halt afs Wohl, a Glaserl Wein!«
Das ging paar Jahr', doch auf die Länge,
Da sank der Vetter sehr im Preis,
Ein Bauer sparet sich die Gänge
Da, wo er nichts zu holen weiß.
Doch als Hanns Claus von beiden Alten,

Obgleich er schon ein großer Jung',
In jedem Stück ward kurz gehalten,
Befiel ihn die Erinnerung
An jenen Vetter, den umworben
Er einst mit Kindes Schmeichelsprach',
Mit dem die Eltern es verdorben,
Doch trägt ihm das Hanns Claus nicht nach.
Er will mal für sich selber sorgen,
Entschließt er sich – und kurz, wir sehn
Ihn schon am nächsten Neujahrmorgen
Vor dem erstaunten Vetter stehn;
Und nun beginnt er anzuheben,
Wobei den Hut er langsam dreht:
»Von Xundheit und recht langem Leben
Und was mer selbst sich wünschen thät'!«
Und sieh, wie früher nach der Tasche
Der Vetter greift. »Für 'n Gläschen Wein!«
Hanns thut, als wenn's ihn überrasche,
Doch steckt er rasch die Gabe ein,
Dann bleibt er steif und ohn' Bewegen,
Als stäke er in einem Loch;
Der Vetter schmunzelt ganz verlegen:
»Nun, lieber Claus, was willst du noch?«
Der nickt mit pfiff'gem Augenblinken
Und sagt: »Ei mein, 's habts was vagess'n.
Dasselb' – dös da – dös is fürs Trinken,
Wo bleibt denn nachher dös fürs Essen?!«

Weihnacht.

(November 1887.)

Ob hoch, ob nieder wir geboren,
So wie uns antritt das Geschick,
So geht der frohe Kindesblick,
Das Kinderherz geht uns verloren.

Wir fühlen mählich uns verhärten
'gen alter Sagen Trost und Lust,
Die uns des Lebens wirren Wust
Zur heil'gen Einheit einst verklärten.

Zerstoben bis auf wen'ge Reste
Ist der Erinnerung Gewalt,
Abwägend stehen wir und kalt
Selbst vor des Jahres schönstem Feste.

Wir stehn vor einem toten Baume,
Gemordet an des Waldes Rand,
Geschmückt mit Flitter und mit Tand,
Gar ungleich unserm Kindheitstraume.

Doch stürzet dann herein zur Schwelle
Die kleine Schar mit Jubelschrei,
Dann schleicht auch uns ins Herz dabei
Der Weihnachtslichter frohe Helle.

Und glänzt dein Aug' in freud'gem Schimmer,
O, sage mir, was es verschlägt,
Wenn das, was dir das Herz bewegt,
Auch eitel Tand nur ist und Flimmer?

Dem allem, was mit scharfen Sinnen
Du an den Dingen dir erschließ'st,
Und was du wägst und zählst und miss'st,
Dem läßt kein Glück sich abgewinnen!

Was dich an Leiden und an Freuden
Auf deines Lebens Bahn betrifft,
Es ist des Herzens Runenschrift,
Und nur das Herz weiß sie zu deuten.

Drum laß das Kritteln und Verneinen
Und lautern Herzens sei bereit,
Zur frohen, sel'gen Weihnachtszeit
Dem Kinderjubel dich zu einen.

Erfasse ganz des Glaubens Fülle,
Der deine Kindheit einst durchweht,
Vom Gott, der hilfbereit ersteht,
In armer, dürft'ger Menschenhülle.

Der Heiland wallt allzeit auf Erden,
Das glaube felsenfest und treu,
Nur freilich muß er stets aufs neu'
In jedes Brust geboren werden.

In trüber Zeit.

Wenn du dich ins Aergste fandest
– Aergstes ist: geboren werden –
Find dich ruhig auch ins andre,
Minder Arge auf der Erden.
Sterben rechnet man als Schlimmstes,
Dem man nicht entrinnen kann;
Höchst vernünftig ist's, du nimmst es,
Wie es tritt an dich heran.

Damit freilich hat das Leben
Und was drum und dran ein Ende,
Du jedoch sei still ergeben,
Wo's dich träfe, wo's dich fände;
Ob nach viel', nach wenig' Jahren,
Einmal droht das eisern' Muß,
Ob und was du auch erfahren,
Kurz ist aller Weisheit Schluß:

Daß durch Wasserflut und Brände,
Alles Siechtums grause Plagen
Noch der Mensch zurecht sich fände,
Ohne um sein Los zu klagen.
Allen Jammer, der durchzittert
Bange Herzen ohne Ruh',
Was die Welt vergällt, verbittert,
Fügt der Mensch dem Menschen zu!

Nicht die Bosheit ist's, die niedre,
Die am Aergsten dich bedrücket,
Nein, die Dummheit ist's, die biedre,
Die dir sacht das Herz zerstücket;
Stetig wirket sie gelassen
Und sie wirkt sich niemals aus,
Jagst du heut sie von den Gassen,
Dringt sie morgen dir ins Haus.

Hoffe: daß 's zum Bessern treibe!
Fürchte: vielleicht wird's auch schlimmer!
Aber, daß es besser *bleibe*,
Darauf hoffe nie und nimmer.
Lerne grollend dich bescheiden,
Dummheit ruht zu keiner Frist,
Kluge nützen nur die Zeiten,
Wo sie etwas schläfrig ist.

Was ins Leben Edle riefen,
Kann sie dauernd nicht ertragen,
Wie die Brunnen aus den Tiefen
Einstens in der Sündflut Tagen
Plötzlich sich ergossen hatten
Aller Höhen, aller Ort,
Spült auch sie die reifen Saaten
Samt der Bodenkrume fort.

Im Wonnemonat des Jahres 1884.

Nach blutigen Wochen.

(Januar 1884.)

Wenn ihr mit starrendem Entsetzen schauet,
Wie alle Schranken, die ihr aufgebauet,
Die Fäuste blut'gen Frevels niederbrechen,
Ohn' Furcht vor eurem Rasen, eurem Rachen,
Dann rufet »Mord« ihr durch die stillen Gassen,
Ihr wißt euch nicht zu sammeln, nicht zu lassen
Und glaubt, der Zeiten letzter Tag beginnt!
Seid ihr denn blind?

So war's gewesen noch zu allen Zeiten,
So wird es immer sein, so oft zu streiten
Der Ueberfluß – der für die Hundert zehret
Und diesen auch das Nötigste verwehret –
Und Armut – die an ihren welken Brüsten
Nicht nähret mehr als brennend' Nachgelüsten –
Den letzten, heißergrimmten Kampf beginnt.
Seid ihr denn blind?
Ihr seht die wilde Jagd nach dem Genusse,
Die Scharen knirschend unter ihrem Fuße,
Und über dem Gewirre, dem Gehaste,
Gleich einem Blitz, erlischt mit jähem Glaste,
Wie einst in Romas götterlosen Tagen,
Das heil'ge Pflichtgefühl, das ernst' Entsagen,
Daß keiner sich darauf zurückbesinnt.
Seid ihr denn blind?
Was man von Lieb', der ihr berühmt euch heute,
In dieser Zeiten dürft'ge Schollen streute,
Das faßt sich zwischen zweien Fingerspitzen,
Manch Korn bleibt noch an feuchter Pore sitzen, –
Doch Haß, den streuet man mit vollen Händen!
Was fraget ihr, wie solches Thun mag enden
Und wie der finstre Dämon Macht gewinnt?
Seid ihr denn blind?

Beschauliches.

Ich hab' erreicht das Ziel des Strebens ...

Ich hab' erreicht das Ziel des Strebens
Und senk' das Haupt in dem Erkennen:
Wie wertlos alles Gut des Lebens,
Wie ärmlich, was mir Glück benennen.
Das Ringen ist's, das dich beglückt,
Erfolg schon hat den Kranz zerrissen,
So wie das Forschen nur entzückt
Und nimmermehr das volle Wissen.

Nur, was noch aussteht zu gewinnen,
Nur, was im Leben wir verloren,
Erscheinet groß vor unfern Sinnen:
Zufrieden sind allein die Thoren.
Doch wer erlernt des Lebens Preise
Zu weiten als ein eitles Nichts,
Der fürchtet auch kein Ziel der Reise
Und keine Tage des Gerichts.

Selbstbetrachtung.

O, kannst du nicht in deinem Herzen
Der Jugend frohe Glut bewahren?
Vermagst du es nicht auszumerzen,
Was dir gekommen mit den Jahren?
Dereinstens hast du all dein Streben
In Zeiten bittrer, herber Not
Der heil'gen Kunst anheimgegeben,
Was ringst du jetzt nach Lob und Brot?

Es ist ein leidiges Gewöhnen
An karg bemessenes Behagen,
Um das du dich dem Kult des Schönen,
Des ewig Hohen hast entschlagen.

Du zündest ihm jetzt Räucherkerzen,
Wo einst dein ganzes Herz geflammt,
Du, einst Prophet mit warmem Herzen,
Versiehst als lauer Pfaff dein Amt.

Du formst den Gott in Brotgestalten,
Erhebst und tröstest zur Genüge,
Doch um den Glauben zu erhalten,
Da sprichst du auch manch fromme Lüge.

O, raff dich auf und schaffe wieder,
Wie einst in deiner goldnen Zeit,
Wo noch der Born all deiner Lieder,
Dir rein gesprudelt, unentweiht.

Und wieder jene Pfade wandre,
Vom Glauben an dein Selbst beglücket,
Wohin du flüchtend, dich und andre
Aus der Gemeinheit Bann entrücket.

O, zeige, daß vom Druck der Jahre
Dein Innerstes blieb unversehrt
Und daß du, trotz der grauen Haare,
Noch immer deiner Jugend wert.

Das war die Zeit.

Du willst's, so sei der Schwur erneuert,
Vergessen sei, was uns entzweit,
Zu höchst und aber höchst beteuert
Sei unsrer Liebe Innigkeit!
Doch was vom sichern Port gesteuert
Uns einst in hohe See voll Leid, –
Das war die Zeit, mein Kind, die Zeit!

Das war ein eifrig Phrasensammeln,
Um an des Fühlens Ewigkeit
Den Glauben in uns aufzusammeln,
Und doch, nach wen'ger Jahre Streit,
So wie aus Kindermund ein Stammeln,
Erschien die Ueberschwenglichkeit. –
Das that die Zeit, mein Kind, die Zeit!

An Leib und Seele umgestalten
Kann uns der Jahre Flüchtigkeit,
Ei, hielten wir es noch im Alten,
Dir stünd' die Thräne nimmer weit,
Du ziehst die Stirne nur in Falten
Und deren Spur, sie macht sich breit, –
Das that die Zeit, mein Kind, die Zeit!

Nicht umzudeuten, nicht zu brechen.
In dieses Lebens Wechselstreit
Ist nur ein einziges Versprechen,
Ist nur ein einz'ger heiliger Eid:
Verheißet Nachsicht allen Schwächen
Und schwört Erbarmen jedem Leid, –
Das trifft zur Zeit, zu aller Zeit!

O, schwöre nicht, verlang kein Schwören.
Des Augenblickes Lieblichkeit
Verhänge nicht mit Trauerflören.
O, zwinge nicht in bangem Leid

Auf jenen leisen Schritt zu hören,
Mit dem sich naht und uns entzweit, –
Wie einst, die Zeit, mein Kind, die Zeit!

Im Innern gefestet.

(Dezember 1882.)

Wenn Jahre gehn und kommen,
So nehme du in acht,
Was sie dir wohl genommen,
Was sie dir wohl gebracht.

Was dir auch im Verlaufe
Der Zeiten ward beschert,
Nicht Gut, noch Glück es taufe,
Gar trüglich ist sein Wert.

Nicht grausam heiß das Leiden,
Nicht Raub nenn den Verlust,
Weiß still dich zu bescheiden
Und trage, was du mußt.

Nur der ist hochgemutet,
Der gleich im Glück sich fühlt,
Und wenn das Herz ihm blutet,
Die Wunde keusch verhüllt.

Das Glück, es will nicht währen,
Das Leid bleibt nicht bestehn,
Das ist: wie Tage kehren
Und wie die Nächte gehn.

Nur das hast du genossen,
Erstritten das allein,
Was in die Seel' geschlossen
Du dir zu tiefst hinein.

Das einzig ist das Wahre,
Was du in dir erfährst,
Dem du, trotz Flucht der Jahre,
In Treuen dich bewährst.

Ob sie umdunkeln Schmerzen,
Ob Freude sie erhellt,
Du trägst in deinem Heizen
Dann eine Friedenswelt.

Wie Jahre gehn und kommen,
Des haben sie nicht Macht,
Davon wird nichts genommen,
Dazu dir nichts gebracht!

Weisung.

(November 1887.)

Ich stand vor manchem schon betroffen,
Der Pinsel und Palette führt,
Und dessen steifes, festes Hoffen
Mich oft beinahe hätt' gerührt.
Er zog ins Land, studierte immer
Und wies mit freud'gem Hoffnungsschimmer
Den Skizzen-Wust, den er erzielt,
Und schien ihm etwas recht zu taugen,
Da rief er mit verzückten Augen:
»Das gäb' ein Bild!«

Es mußte doch nicht sein das Wahre,
Wie er die Sache nahm zur Hand,
Er trieb es so durch viele Jahre,
Nichts halfen Leute ihm und Land,
Denn was er malte, konnte Laien
Und Kenner nimmermehr entzweien,
Weil keiner etwas darauf hielt;
Und was er eifervollen Strebens
Auch schuf die Tage seines Lebens,
Gab nie ein Bild.

Der soll sich nicht mit Kunst belasten,
Der die Natur wie jeder sieht,
Er schleppt 'nen Photographenkasten,
Der nur die Schulter schief ihm zieht:
Wem irgend Großes noch gelungen,
Der hat sich's selber abgerungen,
Ob zart und mild, ob stark und wild!
Hast du nur deinem Werke eben
Aus eignem Ich was zugegeben.

Wie klug, ihr Mütter!

Wie klug, ihr Mütter!
Ihr störet nicht
Den Schlaf der Kleinen.
Es heißet ja,
Im Schlafe spielten
Mit ihnen Engel.

Wenn sie dereinstens,
Der Mutter Brust
Entwöhnt, erwachen,
Wer weiß es denn:
Was für Dämonen
Mit ihnen spielen?!

Wie klug, ihr Mütter!
Ihr störet nicht
Den Schlaf der Kleinen;
Sie haben nur
Für kurz die Eng'lein
Zu Spielgenossen.

Stimmungsbilder.

Die Ruine.

Was da versammelt für Herrlichkeit?
Was hat da verblutet für Herzeleid?
Da ward aller Lust, allem Leide gerecht
Im Kommen und Gehen manch stolz' Geschlecht
  Vor alter Zeit!

Die Mauern, die öden, sie ragen weit,
Kein Hall mehr in ihnen von Lust noch Streit;
Die Chronik erzählet wohl manche Mär',
Die Steine verschweigen Nutz und Lehr'
  Aus alter Zeit.

Und wenn dann dich, Wandrer, hinabgeleit't
Die Wehmut ob menschlicher Nichtigkeit,
Bedenke, wie wenig an Frist vergeht,
So wird auch veröden die unsre Statt'
  Gleich alter Zeit!

Der Ort, wo du liefest im Kinderpfaid,
Der Hain, wo du küßtest die erste Maid,
Der Saal, der einst Zechern das Echo gab,
Veröden, sowie auch dein Mal am Grab,
  Alt deine Zeit!

Dann wallen wohl andre von Wegen weit
Den Stätten zu unsrer Vergangenheit
Und seufzen, wie einst wir, aus banger Brust:
Wie sind wir der Sonne so kurz bewußt,
  Wie keine Zeit!

Frühling.

(1889.)

Wenn wir mit jedem neuen Jahre
Sich schmücken sehen Wald und Flur,
Beschleicht uns neidisches Empfinden
Ob unsers Lebens flücht'ger Spur.

Der Neid, daß uns kein Frühling wieder
Will kehren nach der Jugend Tagen,
Daß Bäumen gleich mit kahlen Aesten
Wir winterlich zum Himmel ragen!

Daß sich mit Blüten und mit Düften
Allimmerdar der Lenz erneut,
Indes das Schicksal auch nicht eine
Der Blumen auf den Weg uns streut!

Doch möchten wir uns nur bespiegeln
Im tiefen Born des Selbsterkennens,
Wir fänden selbst, als abgestorben,
Uns wert des Fällens und Verbrennens.

Es wäre auch in uns oft wieder
Ein neuer Frühling aufgewacht,
Wenn nicht der Herzen eis'ge Kälte
Ihn rasch erstarren hätt' gemacht!

Mondnacht im Gebirge.

So stumm und reglos ruhen Berg und Thal
In vollem Mondenlicht,
Fern in den Lüften webet leiser Hall;
Die Stille unterbricht
Nur hurtiges Wassergerinne,
Silbern schäumend;
Es ist als ob die Welt
Auf etwas sich besinne,
Das ihr entfällt,
Das unterdess'
Sie wieder vergess',
Weiter träumend.
Doch nie und nimmer kommt die eine Nacht
Im hellen Vollmondlicht,
Wo sie, den Traum abschüttelnd, auferwacht,
Wo sie ihr Schweigen bricht.
Es mögen die Wasser versanden
Und versiegen,
Es mag der Menschen Herz
In weher Sehnsucht Banden
Vergehn vor Schmerz; –
So vor wie nach,
Sie bleibet gemach
Und verschwiegen.
So strecke dich denn auf das weiche Moos,
Blick auf zum Himmelsraum
Und wähne dich wie auf der Mutter Schoß
Und träum ihn mit den Traum.
Dann wird, was das dämmernde Weben
Rings verklärte, –
Die selbstvergessne Ruh, –
Auch froh die Brust dir heben:
»Wie schön bist du,
Monderhellt,
Herrliche Welt!
Mutter Erde!«

Stimmungsbild.

Es dehnet weit sich eine sand'ge Brache,
Nur dürft'ge Halme zittern stoßweis' vor dem Wind,
Nur selten schwillt zu einem kleinen Bache
Der Wasserstreif, der sickernd über Kiesel rinnt,
Und nur, wenn tagelang ein reicher Segen
Vom Himmel niederfließt und tränkt das weite Land,
Beginnt's auf stein'ger Halde sich zu regen;
Da keimt und sprießt und decket schnell des Baches
Rand,
Was eben bieten kann die arme Krume,
Kein farbenprächt'ges Prangen und kein duft'ges
Blüh'n!
Das Auge sucht vergebens eine Blume,
Es sieht nur rings in hellem, schnell versehrtem Grün
Auf fleisch'gem Stiele breite Blätter fächeln.

Gemahnen will es mich an jenes Lächeln,
Das oft ein sorgenvolles Antlitz rasch durchpflügt,
Wenn unverhoffte Freude einen Frühling lügt!

Gestalten und Geschichten.

Im Walde.

Ein Cyklus.

(25. Juni 18887.)

I.

Gott, grüß Gott, du grüner Wald!
Welch Prangen und Gedeihen!
Du bist der schönste Aufenthalt,
Der liebste wohl zu zweien.

Es lacht des Försters Töchterlein,
Wenn ich es stammelnd grüße,
Wie setzt es, flüchtend waldhinein,
So zierlich seine Füße!

Und ich erhasch' das junge Blut
Auf stiller, kleiner Matten.
Wie wohl, wie selig sich 's doch ruht
Im grünen Waldesschatten!

II.

Welch ander Maß der Zeit, o sag,
Wohl könnten wir verlangen,
Als unser beider Herzen Schlag
Im seligen Umfangen?

Nicht achtend, was da kommen mag,
Vergessend, was vergangen:
Es kann der Mensch allein vom Tag,
Vom Tag nur, Glück empfangen!

III.

Er: Du blickst voll Angst
Zu mir empor.
Was ist? O, sag'
Es mir ins Ohr.
Sie: O, faß mich an
Und blick zur Seit'!
's ist wehe Lust
Und süßes Leid,
Was mich erregt. –
Du böser Mann,
Wie dich's erschreckt!
Er: Ich bin bewegt.
Wer dachte dran?
Sie: Ist es nicht süß?
Er: Ei ja, gewiß!

IV.

Mein Himmel, sind die Dirnen dumm!
Weil ich nicht vor Entzücken
Gleich außer mir, kehrt sie sich um
Und drehte mir den Rücken.
Ganz ohne Gruß ist sie von mir
Im Zorne weggeschritten.
Ei, liebes Kind, erst betteln wir,
Dann kommt an euch das Bitten!

Von Zeit zu Zeit will nun gemach
Den Wald ich hier durchstreifen,
Und läuft die liebe Dirn' mir nach,
So laß ich mich ergreifen.
Der Wald ist auch des Schmucks beraubt,
Vergilbt der Blätter Neste,
Er schüttelt zweifelnd überm Haupt
Die herbstlich fahlen Aeste.

V.

Nun, klaubt nur Holz, alt Mütterchen!
Ich möchte gern erkunden,
Was mit dem Förster hier geschehn.
War schon so lang nicht unten,
Ich weiß es nicht zu sagen!

Der Förster, Herr, ist lang schon fort,
Es war zu seinem Frommen.
Doch wie er heißt, derselbe Ort,
Wohin der Mann gekommen,
Ich weiß es nicht zu sagen!

Sein Töchterchen? Die Hanne? Ei,
Die freilich blieb zurücke,
Nicht weit von hier, ganz nahebei;
Ob sie's dort freut, ob drücke?
Ich weiß es nicht zu sagen!

Ein Lump kam aus der Stadt getrollt,
Er war nicht einmal sauber,
Die Dirn' sonst nicht den Männern hold;
Was er gebraucht für Zauber?
Ich weiß es nicht zu sagen!

Kurzum, er that ihr schön, bis er
In Schande sie getrieben.
Sie sah von Stund' ihn nimmermehr,
Und wo der Schuft geblieben,
Ich weiß es nicht zu sagen!

Und als sie fühlte sich zu zweit',
Begann sie zu erkranken.
War's nur aus purem Herzeleid,
Aus reuenden Gedanken?
Ich weiß es nicht zu sagen!

Doch eines Morgens war sie tot,
Sie lag so wie im Schlafe.
Erwies ihr Gnad' der liebe Gott?
Geschah es ihr zur Strafe?
Ich weiß es nicht zu sagen!

Ei, Herr, was kommt Euch in den Sinn?
Was werft Ihr Euch zur Erden
Wie 'n gottverlass'ner Sünder hin?
Wie deut' ich dies Gebärden?
Ich weiß es nicht zu sagen!

Vergelt Euch Gott die milde Gab'!
Wie konnte ich auch denken,
Daß Hannens Schatz vor mir ich hab'?
Nun will jed' Wort mich kränken,
Ich weiß es nicht zu sagen!

Ei, denkt: Geschehen ist geschehn!
Wir sind ja Menschen alle!
Ein Unglück war's, ein Mißverstehn,
Wie oft in solchem Falle.
Das weiß ich wohl zu sagen!

VI.

Ich blicke von des Waldes Rand
Zum Kirchhof auf der Heide.
Die Kreuze stehn im Sonnenbrand,
Die Steine sehn wie Kreide.
Ein Birkenkreuz, das müd' sich senkt,
Mit einem welken Kranz behängt,
Das weiset ferne und seitab
Von anderen ihr einsam' Grab.

Ich wend' mein heißes Aug' empor,
Und meinem Blick, dem bangen,
Erscheinet wie mit düsterm Flor
Die Gegend rings umhangen.

Wie raget hinter mir der Wald
In finstrer, dräuender Gestalt,
Als wehrte zürnend er den Pfad
Entweihtem Glück, verwirkter Gnad'!

So sollen nach der Stadt mich 'rück
Die müden Füße tragen,
Ich will nach leerem, schalem Glück
Wie andere dort jagen,
Bis all die aufgetürmten Stein'
Mein armes Herz gemauert ein,
Und an das Hohe ohne Glaub'
Im Kote ich vergeh' und Staub.

Die Abatissin und der Bischof

(April 1886)

Ein' edle Abatissin kam,
Ein' Nonn' beim Bischof klagen,
Die hätt' gen Himmelsbräutigam
Der Treue sich entschlagen,
»O weh, der Sünde groß und schwer!
Frau Aebtin, kehret heime,
Beschicket gleich die Werkleut' her
Mit Steinen und mit Leime
Und mauret mir die Sünd'rin ein;
Sie seh' nit nächster Sonne Schein!
Gott möge ihr genaden!«

Die Abatissin heime kehrt,
Sie ließ den Zelter jagen,
Und that, wie sie der Bischof lehrt,
Das gab ein großes Klagen.
Sie führten das bleich' Schwesterlein
Hinwärts zu einer Blende,
Da fügten hastig Stein auf Stein
Der Werkleut' flinke Hände.
Sie maureten die Nonne ein,
Sie sieht nit nächster Sonne Schein.
Gott möge ihr genaden!

Und als die Wände feucht und kalt
Das junge Blut umfassen,
Da hat es, eh' man schloß den Spalt,
Sich noch vernehmen lassen:
»Wie groß die Sünd' und schwer die Pön,
Die Wonne war doch süße,
Und kennt wer meinen Buhlen schön,
Der bring' ihm letzte Grüße!
Ein Feuer ist die Lieb', das zehrt,
Und Gott, der ihrer nit gewehrt,
Mög' mir und euch genaden!«

Und eh' verblich der Sonne Schein,
Vier Maultier' vor dem Wagen,
Der Bischof fuhr ins Kloster ein,
Die Abatissin fragen.
Die leitet ihn an ihrer Hand
Hinabwarts viele Stufen,
Bis wo man hinter nasser Wand
Die Nonn' noch hörte rufen.
Der Bischof, der bekreuzt die Stein'.
»Der Erde Lust verläuft in Pein.
Gott möge dir genaden!«

Drauf leitet ihn die Aebtin noch
Ins Gastgelaß, ins reiche.
»O, edle Frau, was habt Ihr doch
Für Hände weiß und weiche!«
Und als die nächste Sonn' sie find't,
Umfahet beid' ein Schauern,
Sie dachten an ein bleiches Kind,
Das tot lag hinter Mauern:
Beim Scheiden an der Klosterpfort',
Da flüstern sie als Abschiedswort:
»Gott möge uns genaden!«

Juanita

(Juli 1886.)

Juanita sitzt, die kleine,
In der Nonnenschul' mit Gähnen,
Und sie hört die fromme Schwester
Neue Greuel zag erwähnen,
Neue abscheuvolle Greuel,
Neue unerhörte Frevel,
Die dereinstens nur zu büßen
In dem Pfuhl voll Glut und Schwefel.

Ferne in dem Britenreiche,
Drüben über dem Kanale, –
Schlanke, blonde Menschen wohnen
Dort und Ketzer sind sie alle –
Hat ein Mann sich unterwunden,
Das Urelternpaar zu lästern
Und die Menschen mit den Affen
Zu verbrüdern und verschwestern.

Und mit dieser sünd'gen Lüge
Hab' er viele schon bethöret,
Wie der fromme Pater klaget,
Der im Kloster Beichte höret.
Während sich die Nonn' um ihre
Reine Menschenherkunft wehret,
Sitzt die kleine Juanita
Lächelnd und in sich gekehret.

Sie gedenkt des Pater José,
Der sie auf die Zell' gebeten –
Barfuß lief sie, hatte keine
Kinderschuhe zu vertreten –
Und sie lachte still des Schreckens,
Den ihr machte das verzerrte
Bartumrahmte Antlitz, als es
Aug' verdrehend sich verklärte.

Und sie fände es zu hart, den
Klugen Briten zu verdammen,
Denn die Männer könnten füglich
Alle doch von Affen stammen;
Doch dem Weibe wird versichert,
Daß es Engels Abkunft habe;
Ob von Himmels lichter Heerschar?
Von gefall'nen? *Quien sabe*?

St. Peters Klage.

(Juli 1881.)

St. Peter sprach in trübem Ton:
»Hör mich, Gott Vater und Gott Sohn
Und auch du, lieber heil'ger Geist!
Die Menschen werden jetzt so dreist,
Sie fürchten Teufel nicht, noch Tod,
Und gar ein Leben ohne Gott,
Das planen sie mit frevlem Sinn!« –
Gott Vater spricht: »Wie froh ich bin,
Betrübt dich das, du treuer Knecht?
Ich sag', mir kommt es eben recht,
Du weißt, ich war der ganzen Brut
All meine Tage nicht gar gut,
Ich habe Wasser und auch Brand
Vergebens doch an sie gewandt,
Und Sündflut nicht, noch Sodoms Not,
Nicht Noahs Warnung, noch des Lot
Errettung war zu etwas nütz;
Die Sonne war's in trüber Pfütz',
Die Perle war es für die Säu',
Sie sündigten nur stets aufs neu',
Bis mein Herr Sohn in Jugendstärk'
Besorgte das Erlösungswerk,
Doch wie's gedieh und wie's geriet?
Ich denk' mein Teil und sag' es nit.
Und wenn es kommen thut also,
Wie du gesagt, des bin ich froh.
Wenn sie Nunmehr in Theorie
Ohn' mich zu leben sind bestrebt,
's ist recht, in Praxis haben sie
Ja allzeit ohne mich gelebt.
Wenn statt von ewiger Vernunft
Sie sich von einer tollen Zunft
Stockblinder Kräfte der Natur
Betreuet glauben, ist die Spur
Von Besserwerden schon in Sicht,

Und alles kommt in gute Richt'!
Dann hat es fürder wohl ein End',
Daß man mein' Namen eitel nennt,
Und kommt zu Haus' und kommt zu Rand,
'ne große Dummheit wo zu stand',
Dann kniet kein Schuft mehr wie zum Spott
Und singt: Nun lobet alle Gott!
Und finden sie mit einemmal
Ihr Leben 'ring und eng und schal,
Daß sie in Scham davor erglüh'n,
Erst unsereinen zu bemüh'n,
Ei, dann ist mir – bei meinem Bart! –
Das halbe Regiment erspart,
Denn wenn ich ihnen nimmermehr
Das Gute spend', das Ueble wehr',
So ist's vorbei mit trägem Ruh'n,
Das Gute müssen selbst sie thun,
Des Bösen selber sich erwehr'n,
Das wird sie Lieb' und Klugheit lehr'n –
Nicht kränk' ich gern der Frommen Schar –
Doch dann behagen mir fürwahr
Die gottlos' Racker allermeist!
Wie klug das Ganz' gezielt, geplant –
Das Stückchen ist vom heil'gen Geist!
St. Peter, hast du's auch geahnt?«

Die Näherin

(Januar 1887)

Du sitzest in dem Kämmerlein
Bei blendend grellem Lampenschein
Und führst die Nadel als die Waffe,
Die Brot im Daseinskampf dir schaffe.
Ein Vöglein ätzest du mit Krumen,
Es teilt mit dir die dumpfe Luft,
In Töpfen ziehst du deine Blumen,
Ein wenig Sang, ein wenig Duft
Erfreuet dich im engen Raum,
Wo der Maschine emsig Schnurren
Dich wiegt in gleichgemuten Traum.
Und du erträgst es ohne Murren
Und weinst nur wenig stille Thränen,
Wenn alles, was du magst ersehnen,
Den Weg zu andrer Häuser sind't.
Du rüstest reicher Leute Kind
Zum Ballfest jene prächt'ge Robe,
Die seinen Frauenreiz erprobe;
Du fertigst, kaum nach einem Jahr,
Das Kleid zum Gang vor den Altar
Und bald zu aller Freuden Fülle
Des Täuflings bänderreiche Hülle.
Verengert sich der kleine Kreis
Der Leute, die dir nah', doch fremd,
Dann nähest du mit gleichem Fleiß
Am Trauerkleid und Totenhemd,
Und von der Wiege bis zum Sarg
Entlohnt man dir die Mühe karg.
Die Tritte, die das Rad geschnellt,
Gerechnet all zu Haufen,
Sie führten dich ans End der Welt,
Doch lassen nicht der Not entlaufen.
So lebst du Jahr' für Jahre gleich,
Es rührte deine Wange bleich
Nur selten freier Lüfte Hauch,

Und wenn dereinst man dich begräbt,
Wofür du wohl gelebt?
Weißt du es auch?

Der aufrichtige Schreiner.

(März 1887.)

»Nun, Gott zum Gruß, Frau Liebermann!
Da kann man freilich sagen:
Schnell tritt der Tod den Menschen an,
Da hilft einmal kein Klagen.
So woll'n wir denn zu Werke gehn –
Wie es uns auch mag grämen –
Und wollen hier dem Seligen
Das Maß zum Sarge nehmen.
Ei, ei, fünf Schuh und ein'ge Zoll,
Das heiß ich eine Länge!
Und auch der Brustkorb, sieht man wohl,
Der war gerad nicht enge,
Und Knochen, wie kein Tagedieb,
Die mochten wohl nicht rosten.
Was sagt Ihr? Oefter als Euch lieb,
Bekamt Ihr die zu kosten?
Je nun, man muß dem sel'gen Mann
Nicht Uebles drum nachsagen;
Wenn 's Weib das Maul nicht halten kann,
Muß man ihr d'Red' verschlagen.
Na, nehmt mir's nur nicht übel gar
Und heißt mich keinen Flegel;
Wenn, was bei andern Ausnahm' war,
Bei ihm zuletzt die Regel,
Dann habt Ihr recht, nun freilich auch,
Kein Arzt würd' anders raten:
Was heilt bei mäßigem Gebrauch,
Das muß bei häuf'gem schaden.
Ihr meint: sein Unrecht habe er
Im Sterbebett empfunden
Und 's hätte ihn beschweret sehr
In seinen letzten Stunden?
Nun, dieserwegen braucht Ihr Euch
Gerade nicht zu kränken.
Frau Liebermann, wer wird denn gleich

Das Allerargste denken?
Euch freilich rührte es sofort,
Daß er Euch da gegeben –
Als Sterbender – ein gutes Wort,
Wie nie in seinem Leben;
Doch daß er auch hierbei gedacht,
Was er Euch ließ erleiden
Und dies das End' ihm schwer gemacht,
Das möcht' ich doch bestreiten.
Ich setze Haus und Hof zum Pfand,
Er fuhr in Fried' von hinnen,
Denn als er ›Engel‹ Euch genannt,
War er schon nicht bei Sinnen!«

Reicher Zins.

(Januar 1887.)

Das Zügenglöckchen tönt durchs Tal,
Herr Kurt liegt in des Sterbens Qual;
Er ringt die magern Hände
Und stöhnet in der letzten Not:
»Nimmt denn, du lieber Herre Gott,
Das Ding nicht bald ein Ende?!«

Der Schweiß ihm von der Stirne träuft,
Ein Schauer um den andern läuft
Ihm fröstelnd über 'n Rücken,
Es stehet das Gesinde bang;
Wie zögert doch der Tod so lang,
Als schlich er h'ran auf Krücken.

Er schrecket an des Todes Schwell'
Zurücke wohl des Herren Seel'
Und find't sich unberaten;
Es hauste wild der Graf im Land,
Und Streit und Raub und Mord und Brand
Das waren seine Thaten.

Er zeigt wohl Angst, doch keine Reu':
Es drängen sich die Diener scheu
Nach des Gemaches Ecken,
Den Lippen kein Gebet entflieht,
Und nur ein einzig Dirnlein kniet
Am Bettfuß, bleich vor Schrecken.

Sie war die Tochter einer Magd,
Der einst der Graf es zugesagt,
Weil sie gedient in Treuen,
Zu wachen ob der Dirne Ehr',
Und dächte die zu kränken wer,
Den sollte es gereuen!

Einmal durch trunkner Söldner Schar
Das Mägdlein in Bedrängnis war,
Da stürzt' mit glüh'nder Stirne
Herr Kurt hinzu, die Wehr' in Hand:
»Der Mündel Schimpf, des Vormunds Schand'!
Ihr gebt mir frei die Dirne!«

Die Söldner fochten toll und blind,
Dieweil Herr Kurt gemach bedient
Die ungebetnen Gäste;
Die hatten bald vollauf genug
Und zogen hinkend und mit Fluch
Aus der verwünschten Feste.

Und nun in seines Todes Näh'
Geschieht der Dirne hart und weh,
Sie spricht mit Händefalten:
»Wenngleich, ob seiner Sünden Zahl,
Du ihm verwehrst den Himmelssaal,
O Herr, laß Gnade walten!

O gib, was er auch andern that,
Doch meiner Unschuld Flehen statt,
Das werd' ihm zum Gewinste.
Verdamm ihn nicht zur Hölle Glut,
O glaub, das Fegefeuer thut
Gewiß dieselben Dienste!«

Da seufzt der Ritter: »Welch ein Schwank!
Ein Tröpflein That, ein Meer voll Dank!
Bei meiner armen Seelen,
Ich wüßt' nicht, vor's zu Ende ging,
Daß Gutthat so ein großes Ding,
Sonst würd' ich mehre zählen.

Doch trägt uns wie auf Engelsarm
Zum Himmel guter Thaten Schwärm,
Dann wiegt im Höllenschrecken
Auch eine einz'ge That noch viel,

Es kann kein Flammenzungenspiel
Sie je zunichte lecken.

Daß ich vor heißer Gierde dich
Beschützte, Maid, das wird nun mich
Dort unt' gelinde fächeln ...«
Da sinkt sein Haupt, er streckt sich lang.
Was prägt dir auf die starre Wang',
Du grauer Schuft, ein Lächeln?

Zwei Schwestern.

(April 1882.)

Zum Traualtare geht die eine
Mit stolzem Schritt, die Myrte in dem Haar;
Die andere, die Unbegehrte,
Verbirgt sich schüchtern in der Gäste Schar.

Sie flüstert leise: »Arge Schwester,
Du thust mit leichtem Fuß den schweren Gang
Und deinen künft'gen Gatten nanntest
Du, kecken Wortes, einen guten Fang.

Und trägst die Myrte, trotz du nächtens
Gar oftmal übermütig mein gelacht,
Wenn du mir Dinge anvertrautest,
Die stets zu tiefst erröten mich gemacht.

Ich gönne dir dein Glück und wünsche,
Euch beiden bleibe jede Reue fern,
Doch wär' dein Braver mir beschieden,
Ich kennte wahrlich keinen andern Herrn.«

Du armes Kind, du suchtest Liebe,
Genuß vermied stets deinen dürft'gen Pfad,
Indes die Leichte, Lock're, Lose
Genuß gesucht und Lieb' gefunden hat!

Regentage.

(Juni 1879.)

Das war an einem Regentag,
Ein Gießen, ein Stürmen, ein Schauern,
Das Wetter hielt mich festgebannt
In kalten, unwirtlichen Mauern.
Wir wohnten just zur selben Zeit
Freuudnachbarlich Stübchen an Stübchen,
Ich trat gar schüchtern bei dir ein,
Du zeigtest die lächelnden Grübchen,
Dein glanzvoll' Auge sah nach mir,
Es ward mir ein wenig beklommen,
Ich war kaum da und wünsche fast,
Ich war' lieber gar nicht gekommen.
Ich wähnte dich mein Ideal,
Ich hatte vor sämtlichen Frauen
Sehr viel Respekt und manchmal gar
Ein süß andächtiges Grauen.
O Jugendtraum, ich bracht' es nicht
Zuwege, daß ich dich verlachte,
Durch den ich meine frohste Zeit
In reinster Gesellschaft verbrachte.
Ich saß ganz selig neben dir,
Ganz selig, doch freilich auch stumm,
Du hast ein paarmal still für dich
Gelächelt, ich weiß jetzt, warum.
Mir galt mein Schweigen für beredt
Und jegliches Wort für vermessen,
Ich ward ein andrer dazumal
Als ich dir zur Seite gesessen.
Wie lauhinweh'nde Frühlingsluft
So fächelte mich noch das Leben
Und alles schwamm in Färb' und Duft.
Die Welt war mir eigen gegeben,
Mir eigen ganz, so daß sie mich
In all ihrer Fülle entzückte,
Daß sie kein Wunsch und kein Begehr'

Entheiligte oder zerstückte.
In diesem Ganzen hast auch du
Als rosige Flocke getrieben,
Ich haschte in Gedanken dich,
Doch ist's beim Gedanken geblieben;
Denn wenn ich dir auch Freiheit ließ,
So bist du mir doch nicht entronnen,
Es hielt dich ja das gleiche Netz
Mit sonnigen Fäden umsponnen.
Doch sann ich, wenn dein Aug' mich traf,
Der Rede helllachende Töne,
Wie du vermochtest da zu sein
In all solcher Anmut und Schöne?!
Und ich entschloß mich ohne Laut,
Die Lust deines Anblicks zu tragen,
Was mich bewegte, konnte ich
In Worten dir nimmermehr sagen, – – –
Es dunkelte und Lichter rings
Erhellten allmählich die Straßen,
Da rücktest du den Stuhl und sprachst:
»Herr Nachbar, ich muß Sie verlassen!«

Und wieder war's ein Regentag,
Da sah ich zur Kirche dich fahren
In weißem Kleid, den Myrtenkranz
Auf deinen reichwallenden Haaren.
Es fiel ein sanfter Regen nur
In sprühenden Tropfen zur Erde,
Es machte dich verdrießlich und
Du sagtest: »Mich jammern die Pferde!«
Als man dir aus dem Wagen half,
Da zogst du das Füßchen zurück,
Die Gaffer ringsum lachten laut:
Der Regen, der brachte ja Glück!
An einem Pfeiler lehnte ich
Und übte mit grimmen Behagen
Mich in der Kunst, so auszusehn,
Als hätt' ich das Schwerste zu tragen.
Es schien mir ein Verrat, so arg,

Wie jemals nur einer gekartet,
Daß dich ein andrer nahm zur Frau
Und du nicht auf mich hast gewartet.
Doch als ich nach der Trauung Schluß
Dich durch das Gedränge, das dichte,
Am Arm des Gatten nahen sah
Mit freudigem, frohem Gesichte,
Die Wange leise angehaucht
Wie eine erblühende Rose,
Da fuhr am Pfeiler ich empor
Aus meiner weltschmerzlichen Pose
Und trat heran und wünschte Glück,
Ich traf es, darein mich zu schicken
Wie andere, doch schien es mir,
Du danktest mit wärmeren Blicken.

Als wir danach uns wiedersah'n,
Das war erst nach Jahren und Tagen,
Da hat der Himmel sich in Grau
Und du dich in Trauer getragen.
Es mahnte mich von fern dein Schritt,
Ich kannte dich bald an dem Gange.
Das schwarze Kleid, es hob den Schnee
Des Nackens, die Blässe der Wange,
Es brannte durch den dunklen Flor
Dein Auge so feurig wie immer
Und unter schwarzer Krause lag
Das Haar in hellgoldigem Schimmer.
In manchem gabst du freier dich,
In anderem wieder gebunden,
Ich habe dich so schön wie je,
Wenn nicht gar noch schöner gefunden.
Du wiesest auf dein Trauerkleid,
Das sage mir wohl zur Genüge,
Welch schmerzlicher Verlust dich traf.
Dich wundre nur, wie man's ertrüge!

Ob ich es wohl entfernt gedacht,
Dich solcherart wieder zu finden?

Du stündest nun allein wie einst,
Doch müßtest du jetzt es empfinden.
Es wurde dir das Auge feucht,
Ich drückte dir tröstend die Hände,
Als du erzähltest wie dein Mann,
Gelitten gar schwer bis ans Ende.
Er war der Beste von der Welt,
Indessen du habest nicht Hehle,
Daß er nicht ganz vollkommen war,
Er hatte auch etliche Fehle.
Doch was man Glück zu nennen pflegt,
Bemessen mir stets nur persönlich,
Man klage nicht, daß man getäuscht,
Man täusche sich selber gewöhnlich.
Denn wer der Freuden Flüchtigkeit,
Der Sorge Beharren empfunden,
Der habe für das Leben wohl
Die thörichte Liebe bewunden.
Man trete in den Zauberkreis
Nur einmal mit freudigem Hoffen,
Doch freilich hättest du – wer weiß! –
Vielleicht es einst besser getroffen!
Du schlugst den Blick verwirrt zur Erd',
Worauf du zum Gehen dich wandtest
Und mir mit raschen Schritten bald
Im strömenden Regen entschwandest.

Und heute war ein Regentag, –
Ein Gießen, ein Stürmen, ein Schauern,
Der füllte mir die Seele ganz
Mit tiefem, mit herzwehem Trauern.
Da wurde aus der Stube ich
Auf wenige Worte gebeten,
Es stünde außen eine Frau
Die will nicht die Diele betreten.
Ich trat hinaus und sah ein Weib
In ärmlichen triefenden Fetzen,
Ich kenn' sie nicht, du nennest dich,
Ich starre dich an mit Entsetzen.

Wie glanzlos blickt das dunkle Aug',
Die Haare sie hangen in Flechten,
Du langst nach meinen Händen mit
Der hageren, zitternden Rechten.
Bist du es denn? Und hält zur Stund'
Kein quälender Traum mich gefangen?!
Dann kommst du, eine Bettlerin,
Zum ärmeren Manne gegangen.
Die Welt, die einst mir eigen war,
Versucht' ich zu halten vergebens,
Sie wuchs, indes die Arme mir
Erlahmten im Kampfe des Lebens.
Was vor mir lag, das sah so schal.
Ich wäre bankrott in dem Innern
Schon längst geworden, wenn ich nicht
Gezehret von meinem Erinnern.
Zu dem Vergangnen habe ich
Geflüchtet im trüg'rischen Wähnen,
Man könne mir nichts rauben vom
Vergangenen Träumen und Sehnen!
Da plötzlich seh' ich dich vor mir,
Vom Jammer das Auge gefeuchtet –
Das über meiner Jugendzeit
In sonniger Frische geleuchtet –
Und eingeschrumpft die kleine Hand,
Die einst mir die Narbe geschlagen,
Wie knöchern ist der Finger doch,
An dem du das Ringlein getragen!
Wie welk der Mund, des Zauberwort
Nach Jahren besprochen den Schaden
Und wieder mir das Herz begabt
Mit aller Erinnerung Gnaden!
Du stehst vor mir als Bettlerin
Und ahnest nicht, was in die Hände
Ich dir nun lege, wenn auch mit
Der kleinsten, der ärmlichsten Spende! –
Wie ist die ganze Seele mir
Erfüllet mit herzwehem Trauern,
Verweil, verweile Regentag

Mit Gießen und Stürmen und Schauern!
Nur jetzt, ihr Wolken, laßt euch nicht
Vom tosenden Sturme zerreißen,
Nur jetzt von keinem Sonnenblick
Das Düster des Tages durchgleißen,
Daß nicht zum Hohne, nicht zum Spott
In goldenen Schimmer sich kleidet
Die ärmliche Gestalt, die dort
Gebrochen die Straße beschreitet.

Der Weise.

Ein Narr, der ward der Frag' nie wett,
Woher er denn das Leben hätt'?
Und was das Leben sei, des dacht'
Er manche kummervolle Nacht.
Da ging er einstens über Land,
Ein Tier war's erste, das ihm stand,
Er fragt das Tier: »Was ist denn Leben?«
»Ich kann dir keine Antwort geben,
Ich leb' das Leben, weiß es nicht,«
Da geht zum Menschen er und spricht:
»O sage du mir, was ist Leben?«
»Ich kann dir leine Antwort geben,
Kein Staubgeborner weiß des Rat.«
Der Narr, er rafft sich auf zur That.
Er greift zu einem Zauberbuch,
Mit wildem Dräu'n und wildem Fluch
Beschwört er einen Geist: »O, sage
Du Antwort mir auf meine Frage!«
Der Geist er haucht, der Geist er spricht –
Indes sein Nebelleib erbebt:
»Ich lebe selbst das Leben nicht,
Denn ich, ich werde nur gelebt!«
Da wendet wild der Narr das Blatt.
Ich bin jetzt der Geschöpfe satt,
Ich schrei' zu dir, du All, o, sage
Du Antwort mir auf meine Frage,
O, sage du mir, was ist Leben?
Du sollst, du mußt mir Antwort geben!«
Da kräuselt's wirre durchs Gemach,
Wie Wetterweh'n und Donnerkrach,
Wie Frühlingssäuseln, Blumenduft,
Wie Auferblüh'n und Moderduft,
Gestalten, scharf und klargeründet,
Gestalten, sanft und leichtverwischet,
Doch hier, was sonst getrennt sich kündet.
Im Sonn- und Mondenlicht vermischet,
Und eine Stimme spricht ihm leise:

»Ihr lebt mein Leben, sag' ich dir
Und mehr nicht weiß ich, als wie ihr!«
Da schwieg der Narr und wurde weise,
Denn weise sind seit alten Tagen
All' jene, so nicht weiter fragen.

Die Spinnen und die Fliegen.

Eine Fabel.

(März 1873.)

In einem Schlößchen, das verlassen
Und darum halb verfallen stand,
Herbergten in den öden Räumen
Viel Dutzend Spinnen an der Wand.

Gesundheithalber aber mochte
Der letzte der Insassen hier,
Zerbrochne Scheiben nicht vertragen,
Und flickte alle mit Papier.

Er schnitt dadurch den vielen Spinnen
Der Nahrung Zufuhr gründlich ab,
Von außen kam nicht eine Fliege,
Wie es bald innen keine gab.

Die netzewebende Gemeine
Die wußte nicht, wie ihr geschah,
Und war nach langem grimmen Fasten
Dem bittern Hungertode nah'.

Da ward für den, der Kraft noch fühlte,
Die Selbsterhaltung zum Gesetz,
Er lud beim Schwächern sich zu Gaste
Und fraß ihn auf im eignen Netz.

Doch als zu höchst die Not gestiegen,
Da fügte sich, daß vor dem Schloß
Ein muntrer Knab' vorbeigezogen,
Den Langeweile just verdroß.

Er raffte Kiesel auf vom Wege,
Und nahm die Fenster sich zum Ziel,

Nur wenig heile Scheiben blieben
Nach diesem ritterlichen Spiel.

Und durch die Lücken schwärmten Fliegen
In Hülle und in Fülle ein,
Die Spinnen sagten: »Gottes Güte
Regierte sichtbarlich den Stein!«

Sie falteten die Vorderbeine
Und dankten ihm, der alle nährt,
Und haben dann mit frommen Sinnen
Die Fliegen reinlich aufgezehrt.

Doch meinte deren Schwarm hinwieder –
Der rings bestrickt vom Tod sich fand –
Die Scheiben habe ausgebrochen
Der Satan mit selbsteigner Hand.

Entging den grimmen Stricken eine,
Durch Gottes Huld hielt sie sich frei,
Und ward sie dennoch aufgefressen,
So meint sie, daß es Prüfung sei.

Das gilt von Fliegen und von Spinnen,
Die an Vernunft nicht überreich,
Doch sind wir klugen Menschen ihnen,
Gottlob, in keinem Punkte gleich.

Der Frömmste in seiner Art.

(August 1878)

Das war der Frömmste in seiner Art –
Ich weiß nicht, wie er hieß, –
Den hat der Teufel zur Höll' genarrt.
Da war' das Paradies.

Er schund und zwackte die Seele ihm
Und quält' ihn windelweich,
Und frug mit höllischem Spott und Grimm:
»Ist's hübsch im Himmelreich?«

Bescheiden flüstert der Frommen Zier:
»Je nun, das Ding hat Welt,
Doch frei gestanden, ich habe mir
Das netter vorgestellt.

Ich klopf' bei jeglichem Zwick und Zwack
Demütig an die Brust,
Und denk', es fehlt mir noch der Geschmack
An solcher Himmelslust.

Mir macht auch, trotz all des argen Scheins,
Nicht Grübelei Verdruß,
Da alles, besser wie unsereins,
Der Herrgott wissen muß!« –

Nun hat die Heiligen allesamt
Die Kunde tief erschreckt,
Daß eine Seel, die gar nicht verdammt,
Im Höllenpfuhle steckt.

Sie drängen vor und sie bitten für:
»Erlös ihn aus der Pein,
Und laß zur goldenen Himmelsthür
Die arme Seele ein! «

»Ja,« spricht der Herre, »wie ist mir nur?
Wie komm' ich da zum Schluß?
Hat meiner prangenden Erde Flur
Betreten nie sein Fuß?

Ist er wie blind denn vorbeigerannt –
Gelockt nicht, noch erfreut, –
An all der Pracht, die mit reicher Hand
Ich dort umhergestreut?

Und wenn ihm da noch der Unterscheid
Von Lust und Qual gebricht,
Je nun, da thut er mir selber leid,
Doch helfen kann ich nicht.

So mag er denn leiden ohne Grund,
Bis es ihn selbst verdrießt.
Einstweilen laßt mir den Esel unt',
Bis daß er klüger ist!«

Gelegenheitsgedichte.

Prolog zur Studentenvorstellung zum Besten des Wiener Schillerdenkmals.

(1872.)

Der Jugend steht die Zagheit schön! Sie mag
Erfahrnen Sinn durch kluges Schweigen ehren,
Die Kräfte, in ihr schlummernd, Tag für Tag
Erproben und im Born des Wissens klären
Und so geruhig warten ihrer Zeit
Und bis dahin sich reinen Sinn bewahren,
Die Zagheit steht der Jugend schön und feit
Vor raschem Thun und müßigem Beharren!
Doch müßte Jugend nimmer Jugend sein,
Nicht mehr auf ihren Wangen Rosen blühen,
Nicht mehr in ihrem Busen – klar und rein
Die Himmelslohe der Begeist'rung glühen,
Der Glaub' an alle Zukunft würde Lüge,
Die Hoffnung bessrer Zeit zu Grab gelegt,
Wenn nicht Ein Name zündend in sie schlüge,
Wenn Schillers Name nimmer sie bewegt'.
Als Schiller früh von dieses Lebens Bühne
Inmitten regen Schaffens mußte fliehen,
Da haben reuig diesem Weh zur Sühne
Die Götter ew'ge Jugend ihm verliehen,
Und keiner mag des Zaubers sich erwehren,
Der milde ihn, nach Götterschluß, umgibt.
Man mag die andern hohen Geister ehren –
Der ewig junge Schiller wird *geliebt*!
In hohen edlen Rhythmen ausgesprochen
Ergreift uns sein harmonisches Gestalten
Und dieser holde Bann wird nicht gebrochen
Von weißem Haar und tiefgefurchten Falten.
Gar rasch ist manches Wort ans Herz gedrungen
Und warm durchrieselt es das müde Blut
Und freundlich winkt aus den Erinnerungen

Noch einmal Jugendlust und Lebensmut.
Der Jugend pocht das Herz mit raschem Schlägen
Und seinem Urteil folgt sie unbedingt
Und bringt dem Meister volle Lieb' entgegen,
Der ihre Glut und ihre Weihe singt.
Es kann sie nimmer in dem Winkel leiden,
Nicht seitab kann sie seine Ehren schauen;
Sie muß heran, sie muß zum Werke schreiten,
An des geliebten Meisters Denkmal bauen.
Wir fanden sonst auf unsrer Wege Spur
Auf Brücken und in Nischen auf den Straßen
Die düstern Bilder derer, welche nur
Dem Himmel lebten und der Erd' vergaßen!
Sie missen nimmermehr uns fürzubitten,
Sie wissen uns kein Beispiel mehr zu geben.
Sie wissen es ja nicht, was wir gelitten,
Sie wissen es ja nicht, was wir erstreben.
Es hat der Mensch sich eitlen Sinns entschlagen,
Im eignen Herzen sucht er Fried' und Glück,
Und legt mit stillem heiligen Entsagen
Sein Hoffen in des Herren Hand zurück,
Nicht sucht die Jugend Himmel zu gewinnen,
Sie sucht kein Eden mehr, das sie verlor,
Es ringt zu reinerm sittlichem Beginnen
Die Menschheit sich aus eigner Kraft empor.
Das wird der Herr der Welten nicht vergessen,
In seinen Händen wuchert wohl das Pfand,
Auf Erden aber hat der Mensch indessen
Zu regem Schaffen seine freie Hand.
So wollen wir der Erd' Verächter strafen,
Und mögen blinkend Erz und rauher Stein
Aus ihrem tiefen Schoß die besten Waffen
Um ihre Sache zu verfechten sein!
Es mögen rings die Bilder derer schwinden,
Die diese Welt gezieh'n der Nichtigkeit,
Da in des Herzens innerstem Empfinden
Die Wahrheit lebte jetzt und alle Zeit.
Wir wollen *unsern* Helden Raum gewinnen
Und wo Asketen stehen an den Wegen,

Da trete auch ein Geisterkämpe ihnen
In Erz und Stein gewappnet stets entgegen.
Wir wollen auf die Ehrensäulen heben
Diejenen nur, in deren mächt'ge Hand
Allzeit der Menschheit Würde war gegeben
Und welche treu bewahret dieses Pfand.
Damit ihr Recht auch endlich jenen werde,
Die unsers Geistes, unsers Blutes Zeugen,
Die uns den Himmel wollten zu der Erde
Mit treuem starken Arm herniederbeugen!
Damit dir, Hoher, auch dein Recht geschehe,
An dessen Denkmal wir die Hand nun legen,
Und möge deines Bildes reine Nähe
Zu treuem Hort uns werden und zum Segen,
Vermahnend uns und kommende Geschlechte,
Ans Edle stets zu halten ohne Bangen,
Und treu in Kampf zu gehn für jene Rechte,
Die oben unzerbrechlich wie die Sterne hangen!
Das mahne dein Gedächtnis, großer Meister,
Auch uns durchglüh', was dir im Busen brennt:
Das walte du, du edelster der Geister,
Den diese Welt als Friedrich Schiller kennt!

Nach fünfundzwanzig Jahren

(1848-1873)

Als sollte jeder Atem Friede trinken,
So ernst und schweigend ruht es in den Lüften;
Es scheint der Mond, die Gräberkreuze blinken,
Des Heilands Bildnis strahlt ob allen Grüften.
Da regt es an der Kirchhofmauer sich,
Da klettert es hinan und gleitet nieder,
Da steht ein Männlein alt und kümmerlich
Und stützt aufs nächste Kreuz die müden Glieder.
Aufatmend blickt er über 'n weiten Plan,
Dann fährt er seufzend mit der Hand zum Herzen...
Dort winkt der Obelisk, und golden dran
Erglänzen sie, die Tage jenes Märzen,
Dem wir ein treu' Gedächtnis noch bewahren,
Der uns in heiliger Erinn'rung steht,
Und der uns einst vor fünfundzwanzig Jahren
Wie süßer Völkerfrühling angeweht!
An diesem Grabe knieet nun der Greis,
Das Gitter streicheln zitternd seine Hände,
Und unter sich, zur Erde spricht er leis,
Als ob sein Wort Gehör bei Toten fände:
»Ich hab' um euch, der Freiheit Saat, getrauert,
Ich war dabei, als man zur Gruft euch senkte, –
Nicht lange hat die Herrlichkeit gedauert,
Ich war dabei, als man erschoß und hängte.
Ich komme jetzt zu euch, geliebte Tote,
In stiller Nacht, im Mondenlicht, alleine,
Es kommen wohl mit nächstem Morgenrote
Mit Kränzen und mit Fahnen die Vereine,
Ihr werdet Sang und viele Reden hören,
Manch gutes und manch unbedeutend Wort;
Ich wollte bitten, lasset euch nicht stören,
Und bleibt in eurer Ruh' und schlafet fort.
Und wenn sie euch mit schönen Worten sagen,
Wie endlich obgesieget doch das Licht
Und wie der Freiheit Bau in unsern Tagen

Das ganze Reich umschließt ... o glaubt es nicht!
Man wird von ›Rechten‹ und ›Freiheiten‹ reden –
Hier schließt die Mehrzahl stets die ›Mehrheit‹ aus –
Wir hielten doch für alle und für jeden
Mit *einem* Recht und *einer* Freiheit Haus!
Sie fochten einen Kampf, der sie wohl ehrt,
So gut es ging, that jeder seine Pflicht,
Doch nennen sie den Preis des Kampfes wert,
Dann, stille Tote, glaubet ihnen nicht!
Sie stehn ja alle in des Lebens Bann,
Sie werden nicht die volle Wahrheit wagen,
Denn dieses Lebens ganze Wahrheit kann
Doch nur der Sterbende den Toten sagen!
Schon streicht des nahen Morgens kühle Luft
Durch Trauerweiden und durch schlanke Nüstern,
So beuge ich mich denn nach eurer Gruft,
Um es euch rasch und heimlich zuzuflüstern:
Selbst dieser dürft'gen Freiheit Ernte ist
Nicht unter Dach, es drohen rings Gewitter,
Das ist's, warum mein Arm sich krampfhaft schließt,
Zu rütteln hier an eures Grabes Gitter,
O laßt uns *der* Begeist'rung Lust erfahren,
Die selbstlos in dem Ganzen untergeht,
Wie sie uns einst vor fünfundzwanzig Jahren
Wie süßer Völkerfrühling angeweht!«

Prolog

Zur Festvorstellung im Theater an der Wien am 28. Sept. zur Feier der Rückkehr der österreichisch-ungarischen Nordpolexpedition.

(Gesprochen von *Marie Geistinger* im Charakter der »Horlacherlies«)

Do schreiben s' Neuzeit von dö Nordpolfahrer,
Mit großen Buchstab'n hob' is selber g'sehn für g'wiß –
A – 's Les'nkinna is a Seg'n, a wahrer –
Bin zum Schulmaster glei, hab g'fragt: was denn dös is?
Der sagt: »No, Lisl, hörst, bist ma a feini,
Vergißt's, do Erd' is rund, und auf der oanen Höh'
Da is a Land, da mag der koana eini,
So liegt's für ewig' Zeiten unter Eis und Schnee –
Da han si kuraschierte Manner g'funden
Und Oesterreicher, unsre braven Landsleut' soan's,
Dö han die tausend G'fahren überwunden,
Dö kemman hoam und dö erzähl'n der Welt hirzt oans!
Von alle, dö dös Stückl unternomma –
Verhungert und verfror'n san da gar bräve Leut' –
Dö Oesterreicher soand am weitsten komma,
Wo no koan Mensch is g'wen seit unvordenkli Zeit, –
Man kann dös koan unnütze Neugier nenna,
Dös steckt zu tiafst im Menschenherz'n eb'n,
Er will die Welt aufs letzte Winkerl kenna,
Den Wohnsitz, den uns hat der Herrgott geb'n!
Da gibt's so Leut', dö möchten s' gern verflucha,
Wann oaner' nur auf was er selber siacht, vertraut,
I moan, 'n Herrgott g'freut's, wann ihm oan Suacher,
A so a rechta, findig in die Werkstatt schaut,
Und moan, wir anderne, koan bißl minder
San dö ihm wert, und er is ihna z' Will'n
So will a Vater, der mit seine Kinder
Nach Feierabend thuat Verstecka spiel'n,
Dö kloana Sakra stürzen 's ganze Haus
Und endli geht nur a kloin Bröserl a,
Der Boda woaß si selber nimmer aus,

Und muaß hervor: no guckt's – da bin i ja!
Und wird er mänigsmal a müd und irrig,
Do sucht der Mensch, nur wohl, a Spiel is's net,
A Arbeit is's, wie andere hart und schwierig,
A Arbat moan i, frumm wie a Gebet!
No woaß i mi schon aus, dös kann i sagen,
Ich han Respekt vor meine Landsleut' 'kriegt:
Es braucht schon a Kuraschi, das zu wagen,
A richtig's G'schau, das do a woaß, was's siegt!
Und was hab'n s' alles ausstehn müssen,
Dö armen Hascher, da am Nordpol unt',
's Schiff g'friert ein, 's Eis wackelt unter 'n Füßen
Und 's Wetta, glaub' i, is dort a net g'sund.
Und Berg soll's geb'n von Eis, gar net zum messen,
Und wüste Viecher viel – no i wollt' wetten –
Wann oan a Eisbär traf, der möcht' koan fressen
Und d'Seehund lieg'n wohl a an koaner Ketten.
Dös B'sundere anschau'n is wohl a net z'wider,
Do wie si unsre Landsleut' g'freuen mög'n,
Nach a so langer Zeit, wann so dann wieder
Da unsre Berg' und unsre Viecher seg'n.
So hab'n aufg'wiesen vor der Welt ihr'n Augen,
Wir hab'n no Leut' voll Rührigkeit und Kraft
Und kemman s' frisch und g'sund, selb' möcht' schon
taugen,
Daß ma si lang no g'freut der Landsmannschaft,
Und sachet i's, i war net lang bedacht,
I gebet freundli ihner d'Hand,
Seid 's schön bedankt für d'Ehr', dö ös uns g'macht
Und grüß eng Gott im Vaterland!

Epilog zu Raimunds ›Verschwender‹.

Gesprochen im Theater an der Wien am 50. Jahrestag der ersten Aufführung.

(März 1881.)

Vor fünfzig Jahren, als der Vorhang sank
Nach diesem Spiele reicher Phantasie,
Erbrauste durch das volle Haus der Dank,
Dem frohbewegt die Menge Ausdruck lieh;
Doch über jenes Saales Schwelle
Drang an der Nachwelt Ohr des Meisters Ruf,
Der so zu tiefst aus Volkesseele
Die reinsten, edelsten Gebilde schuf!
Geändert haben sich die Zeiten
Und die Gemüter wurden kalt und hart,
Doch kennen sie kein Widerstreiten
Gen Meister Raimunds anmutsvolle Art,
Es schlägt sie sein naives Schildern
Noch heut wie Jugendtraum in süßen Bann –
Und die Allegorie in Bildern
Sie mutet fast mit weicher Wehmut an;
In seinem künstlerischen Walten
Da wurden Alter, Jugend, Haß und Neid
Ihm zu leibhaftigen Gestalten,
Zum Eingriff in der Menschen Los bereit.
Er scheuchte weg von sich die Ahnung,
Die nun des Menschen Seele bang bewegt
Mit jener furchtbar ernsten Mahnung:
Daß jeder selbst sein Los im Innern trägt,
Daß nichts heran von außen dränge,
Daß ihn von außen hielte keine Macht,
Wenn er nicht harten Griffs bezwänge
Den Dämon, der ihm in der Brust erwacht!
Das liegt des Meisters frohem Kerne
Als Künstler wie als Menschen fremd und weit,
Er führt das Feenreich, das ferne,
Verklärend ein in die Alltäglichkeit

Und gibt so volle, heitre Lichter
Und setzt so frische, satte Farben hin,
Daß man auch heute lauscht dem Dichter
Noch mit der Ahnen gläubig regem Sinn.
Er selbst ein Flottwell, dem zum Lohne
Auch einer Cheristane Lieb entsprach,
Volksmuse, die aus ihrer Krone
Für ihn die reichsten, schönsten Perlen brach;
Verschwendet wohl, doch nicht verzettelt
Hat er vom Schatz, der ihm verliehen ward,
Und auch nur bei sich selbst gebettelt,
Wie es der reichsten Geister Eigenart.
Die Muse konnte auch den Meister
Zum Scheidegruß verweisen auf das Dort:
Auf den Verbleib im Reich der Geister;
Sie hielt getreulich ihrem Liebling Wort!
Den Besten zählt er bei im Bunde
Und nicht vergänglich nur erwarb er Huld,
Zahlt doch mit dieses Festes Stunde
Die Vaterstadt hier eine Ehrenschuld!
Und über dieses Saales Schwelle
Trägt jeder weiter nun des Meisters Ruf,
Der so zu tiefst aus Volkesseele
Die reinsten, edelsten Gebilde schuf!

Festlied

zur 25. Gründungsfeier des Wiener Schriftsteller- und
Journalisten-Vereins »Concordia«.

(10. Oktober 1884.)

Es sind nun fünfundzwanzig Jahr'
Im Zeitenstrom verflossen,
Als ernster Männer kleine Schar
Den festen Bund geschlossen,
Den Bund, wo treu sich gegenseit'
Die Kameraden stützen
Und in des Lebens schwerem Streit
Den einzelnen beschützen,
Daß er nicht Fremden schulde Dank
Und stets die Feder, unsre Wehr,
Erhalte fleckenlos und blank
|: Und allezeit in Ehr'! :|

Und auf dem kleinen Grunde sah
Man rüstig bau'n bis heute,
Nun stehet die »Concordia«,
Ein stattliches Gebäude!
In dessen Mauern tritt der Mann
Zu Trutz der Not entgegen,
Der ihrer Macht auf offnem Plan
Wohl hilflos wär' erlegen;
Nun mag er ohne Furcht und Bang
Uns stets die Feder, unsre Wehr,
Erhalten fleckenlos und blank
|: Und allezeit in Ehr'! :|

Und wenn wir so in froher Rund
Uns fühlen all für einen,
So soll uns den erstarkten Bund
Auch fürder nichts verkleinen!
Wir wollen auch in schwerster Zeit,
Umdrohet von Gefahren,

Getreu die Unabhängigkeit,
Die er uns schuf, bewahren,
Für Ueberzeugung frei und frank
Die Feder führen, unsre Wehr,
Auf daß sie fleckenlos und blank
|: Und allezeit in Ehr'! :|

Am 50. Jahrestag der Beerdigung Ferdinand Raimunds.

(Gesprochen von Ludwig Anzengruber am Grabe Raimunds in *Gutenstein* am 8. September 1886.)

Als man vor fünfzig Jahren ihn zur Erd' gebettet,
Ihn, dessen sinn'ger Ernst und heiterer Humor
Oft unsrer Väter sorgenvolle Stirn geglättet,
Da wußt' die Welt noch nicht, was sie an ihm verlor;
Sie wußt' es nicht in jenen leichtbewegten Tagen –
Und mochte sein Verlust sie schmerzen noch so tief –
Daß sie in ihm den Meister hat zu Grab getragen
Der Poesie, die still im Volkesherzen schlief;
Die wußte er, wie nach ihm keiner, zu erwecken,
Er hüllte Freud' und Leid in märchenhafte Pracht,
Es war wie froher, farbenreicher Träume Necken,
Aus denen reinern Herzens man dann aufgewacht!
Wir aber stehen hier an seines Grabes Scholle
Ein anderes Geschlecht, als wie sein Tag geschaut,
Es ist in harter Zeit uns eine ernstre Rolle,
Ein mächtig' Ringen um die Zukunft anvertraut.
Es lieget unserm Sinn das Feenreich verschlossen,
Des Märchenzauber unsre Eltern einst entzückt,
Ob wir durch eigne Schuld uns nun daraus verstoßen,
Ob rauhe Wirklichkeit demselben uns entrückt!
Doch können vollbewußt wir ihn jetzt höher werten
Den Meister, der die edelsten Gebilde schuf,
Als jene, die mit ihm gewandelt auf der Erden
Und deren Urteil oft verwirrte sein Beruf.
Was er mit liebevollem, künstlerischem Walten
In kühnen, sichern Strichen hatte konterfeit,
Die kernigen, die rührend treuen Volksgestalten,
Die finden lebend wir noch unter uns zur Zeit;
So öffnet sich trostreicher Ausblick in die Ferne:
Daß zäh' das Volk der Zeiten Wechsel halte stand,
Und daß sich stets in seines Wesens tiefstem Kerne
Verständnis für das Schöne und das Edle fand!
Daß jener Bilder Treue lebend sich erneuet,
Bezeugt die Meisterschaft der Feder, die sie schrieb,

Und daß er reicher Hand des Edlen Saat gestreuet,
Das zeugt für seines armen Herzens Menschenlieb',
Obgleich ein herb' Geschick ihn dorn'ge Pfade lenkte.
Und uns, entrücket seiner Tage Neid und Gunst,
Gilt er, den man vor fünfzig Jahren hier versenkte,
Als edler Mensch und echter Meister seiner Kunst!
Und wenn wir heute, ihn zu ehren, kommen,
So missen wir, es rührt ihn Schmähung nicht noch
Dank,
Seit er in das Urewige mit frommen
Und stillergebnem Sinn zurückesank.
So treuer müssen mir die heil'ge Pflicht bewähren:
Sein Angedenken zu erhalten reg' und wach:
Ein Volk, das seiner Toten wohlverdiente Ehren
Verkümmern läßt, das lebt sich selber bald zur
Schmach!
Wenn wir mit duft'gen Kränzen nun und Zweigen
Die Gruft dir schmücken – heilig sei uns deren Ruh'! –
So wollen wir nur deiner wert uns zeigen,
Du edler Mensch und liebenswerter Meister, du!

Karl Elmar.

(1888.)

So haben einen jener Alten,
Wir wieder jüngst zu Grab' getragen,
Die sich aus ihrer Jugend Tagen
Die Glut der Poesie erhalten
Und deren Herz trotz Undanks Walten
Für Volk und Heimat treu geschlagen!

Als einstens er auf unsern Bühnen
Das Zepter sichrer Hand geschwungen
Und frisch gestritten und gerungen,
Mit Ernst und heiterem Erkühnen
Der harten Zeiten Druck zu sühnen,
War weit sein Ruf ins Volk gedrungen.

Und als die Muse ausgewiesen,
Die an des Volkes Herzen rührte,
Da trug im Bündel, das sie schnürte,
Sie Schätze weg und unter diesen
Manch Kleinod, das die Väter priesen
Und *Elmars* Meisterzeichen führte.

Doch wies er Kleinmut von der Schwelle
Und wußt' sich frohen Sinn zu wahren,
Goldblättchen schlug er aus den Barren,
Und Geist und Aug' behielt er helle
Und predigte an dieser Stelle
Urwüchsige Weisheit seit viel Jahren.[4]

Nun ruhet er in kühler Erde,
Gelichtet hat die Reih'n sein Streben
Und zwingt uns, neue Kraft zu werben;

---

[4] Anzengrubers Nachruf erschien zuerst am 11. August 1888 im Wiener
»Figaro«, dessen politische Zeitgedichte lange Jahre hindurch von Elmar
herrührten. A. d. H.

Doch wer, du treuer Kampfgefährte,
Auch deines Amtes walten werde,
Er sei es wert, dich zu beerben!

Es wird manch Auge feucht sich senken
Um dich, der durch ein langes Leben
Verschwenderisch sich ausgegeben,
An Herz und Geist uns zu beschenken;
Und stets wird um dein Angedenken
Ein freundliches Erinnern schweben!

An eine junge Autographensammlerin

(1884.)

Vorbei ist mir die Maienzeit,
Das Haar beginnt zu ergrauen,
Ihr gönnt mir nimmer Lust noch Leid,
Ihr holden Mädchen und Frauen,
Nun thut schon meinem Herzen wohl,
Wenn eine schmeichelnd es stammelt,
Daß ich paar Zeilen schreiben soll,
Da Autographe sie sammelt.

Mir ist's, als ob ein Epitaph
Ich schriebe auf meine Jugend:
»Hier ruhet sanft ein Herz, das brav
Versammelt wurde zur Tugend.«
Ich fühl' mich so beengt dabei,
Wie 'n Fisch im hölzernen Zuber. –
Ich schließe
                    Wien am zweiten Mai
        Ergebenst
                        L. Anzengruber

Sprüche und Stachelreime.

Der Kapitalisten Notschrei.

Die Zeit ist reich, wie man's so nennt,
Wir armen Kapitalisten,
Wir geben Geld zu ein Prozent,
Um nur das Leben zu fristen.
Der Reiche wird zum armen Mann,
Die Revenue ist zum Darben,
Ein Elend, das sich kleiden kann
Nur noch in glänzende Farben,
So daß der Bettler sie durchguckt,
Wenn auch der Firnis noch blanke;
Und wie das Haupt der Hydra zuckt
Empor der grause Gedanke:
Vor dieses Unheils mächt'gem Prall
Da bricht zusammen zu Staube
Der Menschheit letztes Ideal,
Ans Geld der heilige Glaube!

Mahnruf an die Reaktionären.

Der Zeiten Zeiger stehet niemals still,
Der trügt sich selbst, der ihn zurücke wendet,
Und jene, die ein Gott verderben will,
Die hat er alle Zeit vorerst verblendet!

Deutscher Sinn.

Daß stets vorauf der Zeiten Sturm und Drang
Erweckend und ermahnend ging der Sang,
Auf den das Wort dann folgte und die That,
Das weiß, wer deutschen Sinnes Kenntnis hat.

Korrespondenz mit den Sternbewohnern.

Wie möget ihr um den Verkehr euch plagen
Mit den Bewohnern andrer Welten?
Sie hatten uns wahrscheinlich nichts zu sagen,
Als was wir ihnen könnten melden;
Gesetzt – jedoch durchaus nicht zugegeben –
Sie stellten sich mit wahrhaft Neuem ein,
Dies »Ueber Erden Hohe« würde eben
Uns leider gänzlich unverständlich sein.

Mangelnde Einsicht.

Die Volksgunst, wie die Liebe muß
Mit Logik man verschonen,
Die Nationen sind wie Frau'n
Und Frau'n wie Nationen;
Es machen beste Fürsten sie
Und bravste Ehemänner
Nicht glücklich, das besagen längst
Geschichts- und Herzenskenner.
Und wenn das Glück zu Haufen läg',
Ihr Mißmut blieb bestehen,
Denn sie vermögen's eben nicht,
Ihr Glück auch einzusehen.

Sprichwort-Thorheit

Von Völkern spricht man oft genug,
Wie in dem Sprichwort von dem Krug
Und könnte der wie jene sagen:
»Ich gehe nicht, ich werd' getragen.«

Herr Wirt

(April 1882.)

Herr Wirt, was war das nächtens für
Ein gottverfluchter Tropfe?
Es schmerzt mich heute morgens schier
Ein jedes Haar am Kopfe!
Wie muß die edle Gottesgab'
Verschändet und verhunzt sein?
Mein' Seel', was ich getrunken hab',
Das war wohl eitel Kunstwein!

Ei, heb die Hand beteuernd nicht,
Daß dieser Soff Natur ist,
Man weiß ja doch, verdammter Wicht,
Daß leicht wie Spreu dein Schwur ist.
Ueb lieber Treu' und Redlichkeit,
Schreib's an die Etikette,
Damit sich sachte noch beizeit
Ein Christmensch davor rette.

Du hättest nur wie vor und eh'
'was Kellerei betrieben
Und dir sei anorganische
Chemie ganz fremd geblieben?!
Hör du, es ist doch ganz umsunst,
Hier Lügen zu erstinken,
's ist Kunstwein, denn's ist eine Kunst,
Von diesem Wein zu trinken.

Modernes Frühlingslied.

(April 1882.)

O, wundermilder Frühlingshauch,
O, wohlig Sonnenglüh'n!
Mit Blüten schmückt sich Baum und Strauch,
Die Lande werden grün!

Es faßt die Seele froher Drang,
Ich muß sie sehn die Welt,
Voll Blütenduft und Vogelsang,
Vom heitern Blau erhellt!

Leb wohl, du trautes Weibchen mein,
Gib Urlaub kurze Frist,
Ich werd' des Wegs gedenken dein,
Wo mir's am wohlsten ist!

Da hör' ich ihrer Stimme Schmelz
Mit sorglich sanfter Bitt':
»Du nimmst doch deinen Reisepelz
Und auch den Fußsack mit?«

Die Herzenskündiger.

Oft singt ein hohes Lied vom Weine,
Das selbst der Kenner Ohr bestrickt,
Ein Mann, dem nie gewankt die Beine
Und den nur dünnes Bier erquickt.

Und oft, die engste dieser Welten
Zertrümmernd, freie Liebe singt
Ein Mann, dem nachts der Gattin Schelten
Sein Jüngstes in die Arme zwingt.

Und wer im Frührot erst die Kammer
Betritt, in treuer Freund' Geleit,
Der singt sonach in seinem Jammer
Den Hymnus der Enthaltsamkeit.

Und mancher bis an die Gestirne
Der Frauen Reinheit preisend hebt,
Der in den Armen einer Dirne
Soeben wild die Nacht durchlebt.

Moral lobpreist der satte Sünder,
Der Darbende besingt Genuß;
Es sind von je des Herzens Künder:
Das Sehnen und der Ueberdruß!

Dauer der Liebe.

Er: Du hast geliebt! O, leugne nicht!
  Ganz sicher bin ich dessen.
Sie: Ich hätt' geliebt? Besinn' mich nicht,
  Und wenn, ich hab's vergessen.
Er: So hältst du Treu', so haltst du Lieb'?
  Vergißt, wer dachte deiner?
Sie: Mein Freund! Er ging, doch wenn er blieb,
  Gedächt' ich heut noch seiner.
Er: Wenn du so schnell Vergessen treibst,
  Wer wird mit dir es wagen?
Sie: Je nun, mein Freund, solang du bleibst,
  Hast du nicht Grund zu klagen.
  Es schärft die Zeit der Lieb' Gewalt,
  Man schätzt sich stets genauer,
  Und wird mit uns erst einer alt,
  So kriegt die Liebe Dauer.

Frühlings-Kontroverse.

(April 1886.)

Der Alte spricht:

Ihr werten Kollegen, ihr lasset's nicht sein,
Trotz aller satirischen Hiebe,
Alljährlich zu singen den Lenz und den Wein
Und drittlings die wonnige Liebe;
Es kleidet dies Streben zwar höchst ideal
'nen jeden, der darin verrannt ist,
Da Frühling und Liebe und Wein uns zumal
In Wirklichkeit wenig bekannt ist.
Der Frühling ist Winters arglistiger Trug,
Im Wein steckt nicht Wahrheit noch Rebe,
Das Weibergeschlecht ist auch heuttags zu klug,
Daß Herz gegen Herze es gebe!

Die Jungen sprechen:

Verehrter Kollege, Ihr selber nur schwärmt:
Ihr schmähet den Lenz, weil Ihr kalt seid,
Den goldenen Wein, der Euch nimmer erwärmt,
Die Frauen, für die Ihr zu alt seid!
Wir beugen ergebenst uns mit Reverenz
Vor solcher erhabener Tugend,
Doch singen die Liebe, den Wein und den Lenz
Wir fürder der fröhlichen Jugend.
Ei, lasset's in rüstigern Tagen doch auch,
Zu müh'n Euch um Nachwuchs an Jungen;
Wenn er einmal abstirbt der löbliche Brauch,
So haben wir bald ausgesungen!

Der Alte:

Ei, merktet ihr denn nicht am zwinkernden Aug',
Daß ich euch nur schraubte, ihr Herren,
Und anderes besser zu predigen taug'

Als wie der Enthaltsamkeit Lehren?!
Wenn ringsum die Lande im sonnigen Schein,
Dann lasset in fächelnder Lauben
Mich sitzen, den funkelnden Römer voll Wein, –
Doch sei es ein Trank auch aus Trauben! –
Und schafft mir ein Mädchen an Seite, das lacht
Zum Kusse von bärtigem Munde,
Und wenn mich das alles nicht jung wieder macht,
Mögt ihr mich begraben zur Stunde!

»Lichter.«

I.

Jedem, der sich zu den Malern zählt,
Dem birgt der Farbenkasten eine Welt,
Eine große, eine kleine,
Aber immerdar die – seine!

II.

Wer uns enthebt, erst nachzufragen,
Des Kunst uns alles weiß zu sagen
Und uns den Katalog erspart,
Der schafft ein Bild von guter Art!
Doch treffe den Apollos Strafe,
Der ganze Spalten lang erklärt,
So daß dem unwillkomm'nen Schlafe
Man nur mit Not und Mühe wehrt.

III

Wer nackter Schönheit gibt die volle Ehre,
Sie hinzustellen weis; in aller Hehre,
Die sie geziert seit Weltenanbeginn,
Den klagt nicht an, wenn wider seinen Sinn
Manch Satyrhaupt mit breiten Nüstern
Sich auch nach solchem Bildnis lauschend reckt;
Der Tiermensch selbst, er wird nicht lüstern,
Wenn ihn ein Schauer höhern Schauns durchschreckt.
Doch mögt die Bilder ihr getrost verhängen,
Vor denen Männer weichen, Satyr'n drängen,
Denn solltet ihr dort keine Näht'rin sehn
In seifenschaumgeborner Schönheit stehn,
Dann droht euch schlimm're Augenweide;
Es wirft sich Lüsternheit in vollen Staat
Und bietet in zerknülltem Kleide
Den Ekel euch in Sammet und Brokat!

IV.

Gegossen wird nun und gehauen,
Was sich im »Brockhaus« finden will,
Es ist heuttags das Denkmalbauen
Ein sehr beliebt' Gesellschaftsspiel,
Just was man so ins Haus bedürfe,
's langt nicht für höhere Entwürfe;
Es scheint, man will nur eben
Das Kleingewerbe heben.

.

Erfahrenheit.

Zwei Arten Liebe bringen wenig Heil,
Die eine, die nur folgt dem heißen Triebe,
Die zweite, welche wägt den andern Teil
Und fragt: »Ist er es wert, daß ich ihn liebe?«
Dem Taumel, ob er kurz, ob lange währt,
Folgt das Erwachen und es flieht die Treue,
Und wer mit Grübeln sich das Herz beschwert,
Der mißtraut selbst dem Glück aus Furcht vor Reue.
Die Liebe aber, die von echter Art,
Die pfleget allezeit mit vollem Prangen
Der Schätze, die sie still im Herz' gespart,
Ihr Liebstes selbstlos zu umhangen!

Auch Schönheit zählet zu den Gütern,
Die blind des Schicksals Gunst verleiht:
Es haftet an auch ihren Hütern
Der Teilung Ungerechtigkeit!
Der Reiche, welcher mild erbarmend
Gesamtem Elend wollte wehren,
Er müßt' verachtet und verarmend
Bald selbst zur Not zurückekehren.
Und wollte sich die Schönheit nimmer
Mit eines einz'gen Glück befassen,
Sie würde ihren reinsten Schimmer
Um gaukelndes Phantom verlassen;
Sie setze dran das kühnste Wagen,
Sie führ' die freieste der Sprachen:
Sie kann wohl jedem sich versagen,
Doch nimmer alle glücklich machen!

Der gute Hirte.

Als jüngstens beim Spazierengehen
Nach allen Seiten meine Augen irrten,
Da hab' ich einen Schild gesehen
Vor einer Fleischerbank, »zum guten Hirten«.

»Der gute Hirte«, die Parabel
Thut mit viel Lehrnis in der Bibel stehen,
Doch leider darf bei keiner Fabel,
Noch irgend sonst, bis auf den Grund man gehen.

Den guten Hirten immer denn in Ehren,
Er sucht in Liebe das verirrte Lamm,
Er rastet nicht und bringt's zurück dem Herren.

Wozu er aber sich die Mühe nahm?
Je nun, 's ist Hirtenpflicht. Das Lamm indessen
Es wird geschoren und dann aufgefressen.

Sprüche.

Aus dem Nichts erwachen wir,
Tauchen wundernd aus der Erde,
Wie aus Moorgrund nicht'ge Blasen,
Und vergehen rasch wie sie.
Wie Gewürm so winden wir
Uns in einem wirren Knäuel,
Vergewaltigt durch uns selber,
Für ein andres ohne Sinn,
Und die kargbemessne Zeit
Nützen wir, um wenig Gutes,
Vieles Böse zuzufügen
Unserm eigenen Geschlecht!

Was du im Leben dir auch magst erringen,
Darüber bist gar bald du aufgeklärt,
Nur in dem Streben lag der ganze Wert
Von all den heißersehnten Dingen
Und in dem bißchen Freude am Gelingen.
Wer dieses Sein zu loben ist gewillt,
Der mag es,
Und wem es dünkt, ein übel Spiel gespielt,
Der klag' es,
Doch der, der gerne für vernünftig gilt,
Der trag' es.

Worin sich alle weisen Männer einen,
Aus grauer Zeit, aus jüngsten Tagen,
Wenn wir sie um den Wert des Lebens fragen,
Daß sie mit düstrer Stirne meinen:
Nicht eine Thräne sei es wert zu weinen,
Noch eine Lache aufzuschlagen.

Das Tragische im Leben, auf der Bühne,
Ihr stempelt es zu einer eignen Sorte,
Ihr sucht nach Schuld, ihr fordert eine Sühne
Und Schuld und Sühne sind nur Menschenworte,

Sind klein nur gegen des Geschickes Walten,
Und wollt ihr euch an selbe ängstlich halten,
So könnt ihr auch nur Kleinliches gestalten.

Erfahrungssatz.

(1889.)

Zweie nur, – wie ungleich sie, –
Rühren keines Tadels Worte
Das hartköpfige Genie
Und den Stümper ärgster Sorte!

Mundartlich.

D'Hauptsach'.

(November 1886.)

Mei' Vetta, mütterlicher Seit',
Der treibt dö Herrgottschnitzerei;
Dem stell' ich aft dö längste Zeit
Mich an sein' Werkbank nah' hiebei.

I schau' eahm zu da bei sein' G'macht,
Und amal mußt' ich frei ihn frag'n:
Wie er dös Ding denn ferti bracht',
Selb' möcht er mir africhti sag'n.

»Jo,« lacht er, »lieba Vetta mein,
Dös is doch nur a Kloanigkeit;
Im Pflöckl steckt da Herrgott drein,
Nur daß mer's übrig' weggaschneid't.«

Draf sog' i, daß mich wunda nahm',
Daß niemal koan Malör eahm g'schiecht,
Eahm 's Messa nie daneben kam'
Und er durchs Holz frei durisiecht.

»Jo, Bübal,« sogt er, »schau, af Ehr',
Do will halt koan Ausdeutschen gehn,
Denn wann ich d'Sach' so recht erklär',
Dann is s' glei gor nit zun verstehn.´

»I konn mi net z' behaupta trau'n,
Daß 's eppa meine Augna soan,
Dö anderscht in die Welt h'neinschau'n,
Als wie sie's bei dö mehrern thoan.

»I woaß nit, wann ich 'en Schnitzer führ',
Is's d'Hand, dö alles da verricht't,

Is's was, was ich im Herz' verspür',
Is's was, was sich mei' Kopf ausdicht't?

»Woher mir's kimmt, bei meiner Seel',
Ich rat's nit, wurd' ich noch so olt,
Ob's oaner herninmt, wo d'r wöll',
Nur haben, haben muß er's holt!«

'm Buab'n sei Gebitt.

O, himmlische Muatta, bitt für!
Schwar krank liegt mei' herzliabe Dirn',
Der Tod steht ganz nohat bei ihr;
O, laß mi mein Schotz nit valier'n!
O, sag's frei, da himmlische Herr,
Er hätt' ja doch Engel schon g'nua,
I waß von da Schul', a neun Chör',
Da braucht er doch koan mehr dazua.
Und i hätt' mei' Lebzeit a G'nüag'n,
Won er ma de Oane vagunnt,
Und nimmt er s', so müaßt' i' frei lüag'n,
Zu sog'n, wie er's guat mocha kunnt'.
Schau, wollt'st mer erretten mei' Dirn',
O, himmlische Frau, aus oll'n G'fahr'n,
That i a Wachskirzen spendier'n
Grod von meiner Dirn' ihrer Schwar'n;
Doch nit, wie s' am Tanzbod'n voron
Flaumfederleicht fliegt – war nöt schlecht –,
Beim Wachsler, do sog' ich ihr's schon,
Daß sie si wen'g schwar mocha möcht'.
Na, gelt, es is recht?!

Vertrauliche Zwiesprach.

(Dezember 1887.)

»Du mei' herzliab's Schotzerl,
No, sog mer nuar grod,
Ob dir noch koan ondra
In d'Aug'n g'stochen hot?«

»Dann loß a mei' Bua glei
Dich fragen vor oll'n,
Hot dir eppa nia noch
Koa' ondri nit g'foll'n?«

»Ei, schau, du mei' Dirndal
Und hätt's dös a thon,
Dir ziemt do koa Neugier,
I bin jo a Mon!«

»Und i bin a Dirndal
Frei ledig allweg'n,
Und liegt dir on mir, is
Om ondern nix g'leg'n!«

»Es is a im Grund doch
A dalkatas Frog'n,
Mer scheut sich vorm Lug'n und
Mog d' Wahrheit nit sog'n.«

»No, sixtas, mei' Büabl,
Dös moan' i holt a,
Und liabt ma sich recht, g'schiacht's
Doch ollwal zu zwa!«

's alten Sepps Stoßseufzer.

(31. Mai 1881.)

Ei du liebes Menschenleben!
Kommt mer aus der Mutter Schoß,
Wird mer so geboren eben,
Wie dös Kailbel und dös Roß,
Is mer gleich a mehr verständig,
Macht ein' dös nur mehr elendig.

's Kailberl, als unschuldig's – Bengerl,
Weiß noch nix vom Oxenschlag'n
Und dös Füllerl träumt kein wengerl
Von dem schweren Ziegelwag'n;
All dös kimmt zu seine Zeiten
Und wann's da ist, muß mer's leiden.

Ei wohl, 's Vieh dös lebt wie blinder,
Kennt kein' Aengsten, denkt kein' B'schluß,
Doch uns arme Menschenkinder
Lehrt der Katechisimus:
»Z'höchst da schleppt mer sich siebz'g Jahr' hin
Und zum Schluß da wird mer gar hin!«

Kaum noch nach dem Bröserl Dasein
B'sinnt sich so a arme Seel',
Soll s' auch schon auf Nein und Ja h'nein
Gleich in Himmel oder Höll'; –
Ach, dös allz'samm' könnt' mer z' schiech sein,
Möcht' schon lieber gleich a Viech sein!

Der Taubenkobel.

Wonn mer 'en Michelbauern frogt,
Wie er si mit sein' Wei vatrogt,
So thut er zun vasteh'n oam geb'n,
Daß s' all' zwoa wie dö Täuberln leb'n.

Do denkt a seiner G'vattersmon:
»Schaugts d'r den Taubenkobel on!
I siech fürs Leben gern so poor
Baliabti Keßtelflickermor'!

Fahrst hin zu dö zwoa glücklig'n Leut'.
Es kost't koan Haus, machst eahna d'Freud'!«
Er setzt sich af dö Eiserbohn,
Mit derer kimmt mer schnell hindon.

Er trifft ins Ort, jed's Kind woaß Red',
Wo Michelbauers Hütten steht.
Doch wie er klopfen will an d'Thür,
Da macht 'n a Spektakel irr'.

Drein geht's wie in 'ra Reitschul' zua,
Es kirrt a Dirn, es fluacht a Bua,
A Wickelkind is a no z' hör'n,
Dös d'Seel si aus 'n Leib will plärr'n.

Den G'vattern aber neugiert's groß,
Er druckt dö Thür schnell aus 'm G'schloß,
Und is am erschten Blick scho g'wiß,
Daß er beim Michelbauern is.

Durch d'Stuben last a Kinderpaarl,
Dös gleicht 'en Eltern af a Haarl,
Da kloane Bua oan Borschtwisch führt,
Dö Dirn' si mit oan Holzschuach wihrt.

Sö jag'n anander um dö Wieg'n
Und wonn sa si zun fassen krieg'n,
So setzt's ganz g'hörig Pläscher oh.
Der G'vatter schreit: »Wos treibt's denn do?«

Da stengen s' steif als wie dö Schrog'n
Und wissent onfongs nix zan sog'n,
Donn keift es Dirndel in da Still'n:
»No, Voda-Muada than mer spiel'n!«

Beim Schatz'.

Mein' Schatz dem los ich zua,
Wia er thut Zithern schlag'n,
Und mir verstehen sich
Ohne a Wörtel z' sag'n.

Z'erst kommt a Kirchenlied:
»Daß 'n Gerechten regn't,«
Um dö Zeit sein mir uns
Das erste Mal begegn't.

Und wann s' ihr Füßerl hebt
Und ihr hell' Aeugerl glanzt,
Dann hebt der Landler an,
Den mir zuerst hab'n tanzt.

Dann kommt: »No, bist mer treu?
Magst oder magst mich net?«
So kloane Strittigkeit
Und viel verliebte Red'.

Dann spielt s' noch weiter furt,
Da bin ich neamer z'Haus',
Was dös bedeuten thut,
Dös steht noch alles aus!

Bald weiß ich neamer und
Bald weiß ich, wie mir g'schiecht,
Bin so freudlebig, daß
Mich a koan Tod zernicht'.

Ich sitz' und ich sinnier',
Da klingt der letzte Ton,
No Dirndl, sag mir frei,
Was kriegst zum Lohn?

Bauersleut' im Künstlerhaus.

Es soan zwa alte Bauersleut'
In d'Weanstadt einikämma,
A Vetta thut s' voll Freundlikeit,
Wo's z' schaun gibt, mit hinnähma.

Der Schlankel oba der hat's a
Gar faustdick hinter 'n Uhren
Und hat sich amal mit dö zwa
Ins Künstlerhaus verluren.

Sö tappen da von Saal zu Saal,
Doch soan s' no kaum im zweiten,
So fangt dö Bäu'rin mit amal
Zun winken an und deuten.

»Ui jegerl, Monna, schaugt's af d'Seit!
Des nehmts an d'Seel'n sunst Schoden!
Do hängen g'molne Weiberleut',
Dö trog'n am Leib koan' Foden!

»I bin doch selber a a Wei'
Und woaß mi net zun fossen
Und woaß nit, wo mer da dabei
Söllt' seine Augen lossen!«

Der Bauer stolpert neben ihr
Hinein ins nachste Zimmer,
Er halt't 'n Huat vor d'Augen für,
Denn d'Sach wird allwal schlimmer.

»Mei,« sagt er »'s is a Sünd' und Schond',
Dös siecht jo wohl a jeda,
Doch kimmt 'leicht 's Molen ohne G'wond
Halt billiger; net, Vetta?«

Da wird die Bäu'rin wild und schreit:
»No dös möcht' Gott verhüten!
Dös war dö rechte Sporsomkeit,
Dö söllt' mer doch vabieten!

Und bin i hitzten a gleich olt,
I ließ' mi *so* nit molen
Und nit in Güten, nit in G'wolt!
Mer dürft' mi dafür zohlen!

»Daß i vor oa'm söllt' so hinstehn,
Dös war' a Untafanga!« –
»Na,« sagt der Baua, »loß nur gehn!
's wird's koana si valanga!«

Ein Kunstfreund

Da Olt':

Du Sakra, du, wos soll dös hoaßen,
Was rennst mit Molern umanond?
Schleppst eahner, wonn s mit dir nur g'spoaßen,
'n Rucksack bis auf d' höchsti Mond?
Ja, konn er mol von sö d' erbetteln
A so a ong'kritzelt's Popier,
Ins Betbuach legt er gor dö Zetteln,
Als waren s' Heilig'nbildeln schier!
Loß di beizeit *den* Weg abdränga,
Dös Molwerk geht di gar nix an,
Do host di nit damit z' bemenga,
Du wirst amol a Bauersmon.
'en Leichtsinn aus dein' Köpfel schlogen
Müßt' i, wonn d' selbn eha nit valernst!
Schiaßprügel erscht, donn Steuer trogen,
Mei liaba Bua, dös Leb'n is ernst!

Da Jung':

Schau Voda, sei do' nit so neidi!
A Mon wir i erscht mit 'n Johr'n.
Der Ernst der kimmt no allwal zeiti, –
Valong' mer 'n gor nit zu d'erfohr'n!
Drum renn' i jo so gern hindonna
Vom Haus weg mit dö Künstlerleut',
Sö selber san lustige Mona
Und gunnen ondern a a Freud'!
Du moanst, es war' bei sö nix z' lerna?
Ei, schleich di zuchi nur sein still,
Bold mirkt's a jeda do von eahna,
Der sicht nur, was er sechen will.
Es hat do neuli oana d'Linden
In Hirschenwirt sein Hof abg'schrieb'n,
A großa Saukob'n steht dahinten,
Der is vom Bildel weggablieb'n.

Sixt Voda, grod so möcht' i's mochen,
Do konn dö Welt mei' Zeit mer taug'n,
I b'holt' mer af dö schöna Sochen,
'en Saustoll loß i aus 'n Aug'n!

Zu Bildern von Defregger.

1. Die Maler.[5]

(1887)

Da Führa hat zwoa Stadtherrn g'bracht
Zur Senderin, da saubern;
Was wöllen dö zwoa G'sellen denn,
Wöll'n s' wildern oder raubern?
No schaugt's eng 's Bild nur voreh' on,
D'Mural kimmt nachher hintendron.

Da oan' Herr biet' da Dirn' oan' Trank,
Sie lacht eahn freundli on zan Dank;
Daneben steht ihr Schotz, da Bua,
Und macht gar wilde Aug'n dazua.
Da zweiti Stadtherr blinzt dös Leut
So seitlings an, als war's a Freud'
Für eahm und wahrer Augentrost,
Je mehrer sich der Bua d'erbost.
Und leichtlich mit van Ausgang schliaßt
Dö Sach', der möcht' gar koa'm nit g'fall'n,
Da half' nur oans: 'es Dirndel müaßt'
'n Malerleuten halt was mal'n.[6]

2. Die gebissene Gans.

(1887)

A jede Sünd' find't ihren Lohn
Und Straf' dö muß af Erden sein!
Wir laden zur Ekschekutschjon

---

[5] Anzengruber hatte über Aufforderung der »Concordia« in Prag, Verein deutscher Schriftsteller und Künstler in Böhmen«, für einen Defregger-Abend (29. Januar 1887) diesen (wie auch den folgenden) Text zu lebenden Bildern nach den Gemälden des Meisters gedichtet. A. d. H.

[6] Jemandem etwas malen, parodistisch: jemanden zum besten haben, derb abfahren lassen. A. d. H.

Hitzt von oan argen Mürder ein!
Wie er sich da aum Boden wind't
Und kriechen thut als wie a Wurm,
Dö Gans, dö heunt noch leben künnt',
Is grad vurhin durch eahm versturb'n.
's ganz' Auditorium dös steht
Voll Schreck ob derer Schlechtigkeit,
Na, na, so wor koan Haushund net
In früh'rer guter, frummer Zeit!
Und künnt mer's nur noch sicher wissen,
G'schiacht wirklich eahm so hart und weh?
Da Racker hat am End' koan G'wissen
Und fürcht' sich ledig nur vor d'Schläg'.
's is dös wohl freilich a a Grund,
Denn gern laßt sich gar koaner schlag'n,
Und schließlich is ja doch da Hund
A Mensch a, mit Respekt zu sag'n.

3. Da Zwoasilbig'.

(1884)[7]

Wie's da Defregger g'moant hat, meine Herrn,
Werd' ich dös Bildel vielleicht net d'erklär'n,
Doch därf dös eng nöt, noch 'en Master kränken,
Ich greif' nöt viel daneb'n, so sollt' ich denken.
Dös Weibsleut scheint mer, dös is oans, was gern
Mit jeden lacht und plaudert, doch in Ehr'n,
Dös Monleut – denk' ich mir a wengerl faul,
Schon weil er d'Ludel mitführ'n thut im Maul;
Ich hoaßet's, – soll a Aufschrift amol drüberstehn:

A Dorfplausch im Vorübergehn.

»No, Fei'rob'nd, Veit? Is d'Arbeit 'thon?« – »Dös
schon!«

---

[7] Auf Einladung der Wiener Künstlergenossenschaft für ihr Weihnachtsalbum gedichtet. A.d.H.

»Han, woaßt daß d'Trautel wieder da sein soll?« – »A
wohl!«

»Dö was dein Schatz von eh'nder wor« – »Wos gor!«

»No, ganz umsunst is doch wohl koan so G'red'.« –
»'Leicht nöt?«

»A bisserl wos möcht' doch dron sein.« – – »No, mein –
«

»Z'weg'n ma hat d'Sach' sich zwischen eng zer-
schlag'n?« – »Müßt s' frag'n.«

»Moanst, daß ich 's Rätsel lösen thua?« – »Geh zua!«

»Hast 'leicht von ihr z' viel g'wußt und just nix
Schön's.« – »Na, Cenz!«

»Dann sie von dir nit weni!« – »Pfüat God, hitzt geh'n
i!«

Nur oans muß ich entschuldiga, weil's just noch geht,
Daß ob'n ich nur dö Herrn und nöt a d'Frau'n anred'!
Nur weil für d'Kratzfüß' d'Verschfüß' fahl'n, so macht
si
Vor d'Artigkeit a Schuber.

November achtzehnhundert vierundachtzi zu Wean L. Anzengru-
ber.

Sag'n im Summer dö Halm'.

Sag'n im Summer dö Halm':
»Uff, wir müssent vadorr'n,«
Sag'n s' im Winter gleich drauf:
»Husch mir seind schon vafror'n!«
Af der Tenn', in der Mühl',
Jahr für Jahr, wia da will',
Fehlt's doch niemal an Korn.

Und so klagt a der Mensch,
Daß wen'g Freud' er erwirbt,
Daß dös Wen'g no dazu
's leidig' Leb'n ihm verdirbt,
Und trotz Jamma und G'schroa
Thun s' sich z'samma zu zwoa,
Daß dö Welt nöt ausstirbt.

Über tredition

Eigenes Buch veröffentlichen

tredition wurde 2006 in Hamburg gegründet und hat seither mehrere tausend Buchtitel veröffentlicht. Autoren veröffentlichen in wenigen leichten Schritten gedruckte Bücher, e-Books und audio-Books. tredition hat das Ziel, die beste und fairste Veröffentlichungsmöglichkeit für Autoren zu bieten.

tredition wurde mit der Erkenntnis gegründet, dass nur etwa jedes 200. bei Verlagen eingereichte Manuskript veröffentlicht wird. Dabei hat jedes Buch seinen Markt, also seine Leser. tredition sorgt dafür, dass für jedes Buch die Leserschaft auch erreicht wird.

Im einzigartigen Literatur-Netzwerk von tredition bieten zahlreiche Literatur-Partner (das sind Lektoren, Übersetzer, Hörbuchsprecher und Illustratoren) ihre Dienstleistung an, um Manuskripte zu verbessern oder die Vielfalt zu erhöhen. Autoren vereinbaren direkt mit den Literatur-Partnern die Konditionen ihrer Zusammenarbeit und partizipieren gemeinsam am Erfolg des Buches.

Das gesamte Verlagsprogramm von tredition ist bei allen stationären Buchhandlungen und Online-Buchhändlern wie z. B. Amazon erhältlich. e-Books stehen bei den führenden Online-Portalen (z. B. iBookstore von Apple oder Kindle von Amazon) zum Verkauf.

Einfach leicht ein Buch veröffentlichen: **www.tredition.de**

Eigene Buchreihe oder eigenen Verlag gründen

Seit 2009 bietet tredition sein Verlagskonzept auch als sogenanntes "White-Label" an. Das bedeutet, dass andere Unternehmen, Institutionen und Personen risikofrei und unkompliziert selbst zum Herausgeber von Büchern und Buchreihen unter eigener Marke werden können. tredition übernimmt dabei das komplette Herstellungs- und Distributionsrisiko.

Zahlreiche Zeitschriften-, Zeitungs- und Buchverlage, Universitäten, Forschungseinrichtungen u.v.m. nutzen diese Dienstleistung von tredition, um unter eigener Marke ohne Risiko Bücher zu verlegen.

Alle Informationen im Internet: **www.tredition.de/fuer-verlage**

tredition wurde mit mehreren Innovationspreisen ausgezeichnet, u. a. mit dem Webfuture Award und dem Innovationspreis der Buch Digitale.

tredition ist Mitglied im Börsenverein des Deutschen Buchhandels.

Dieses Werk elektronisch lesen

Dieses Werk ist Teil der Gutenberg-DE Edition DVD. Diese enthält das komplette Archiv des Projekt Gutenberg-DE. Die DVD ist im Internet erhältlich auf **http://gutenbergshop.abc.de**